Karl Lenfers · Trimm dich, bet mal wieder

KARL LENFERS

Trimm dich bet mal wieder

Praktische Anregungen für junge Leute

VERLAG BUTZON & BERCKER

Mitglied der »verlagsgruppe engagement«

ISBN 3 7666 8580 5

Mit kirchlicher Druckerlaubnis. Nr. 305/6-9/73. Münster, den 25. April 1973. Dr. Spital, Generalvikar.
Umschlaggestaltung: Kurt Wolff.
Herstellung: Butzon & Bercker, Graphischer Betrieb, Kevelaer.

Gewidmet
meinen Mitarbeiterinnen
und Mitarbeitern in der CAJ,
mit denen ich
zehn fordernde und frohe
und reiche Jahre erlebte

Inhalt

Hallo, liebe Leserin, lieber Leser,

auf dem Weg über dieses Buch möchte ich mich mit Ihnen unterhalten. Ich möchte versuchen, das zu erzählen und auszudrücken, was ich in den vergangenen 10 Jahren von jungen Menschen gehört und gelernt habe. Ich hatte als Priester und in meiner speziellen Aufgabe als Diözesankaplan der CAJ die Gelegenheit, in zahlreichen persönlichen Gesprächen das Leben vieler junger Menschen kennenzulernen. Und dieses Leben möchte ich in diesem Buch zur Sprache bringen.

Es werden in diesem Buch viele Tatsachen berichtet. Keine ist erfunden. Ich habe sie wohl in der Formulierung „verfremdet“, so daß keine Indiskretionen entstehen können. Ich sage absichtlich, daß hier „Tatsachen“ berichtet werden und keine „Beispiele“. Ich meine, daß das Leben eines Menschen viel zu tief, zu wesentlich ist, als daß man es zu einem „Beispiel“ herabmindern dürfte. Hinter den Tatsachen stehen lebende Menschen. Und ich meine, daß das Leben, die Tatsache, daß sich ein Mensch so und nicht anders entschieden hat, uns eine intensive Hilfe geben kann, wenn wir uns damit einlassen. Ich bin auch überzeugt, daß intellektuelles und abstraktes Denken uns Hilfe und Anregung geben kann. Aber eine genau so wichtige Hilfe kann uns die Wirklichkeit des Lebens sein, wenn wir sie echt in uns aufnehmen.

Ich war bei manchem Gespräch erschrocken und oft richtig fertig. Das hatte ich nicht gewußt, bevor ich Priester wurde, daß es soviel Not, Einsamkeit und Angst gibt. „Was soll ich machen, Herr Kaplan“, sagte mir ein junger Mann. „Ich bin ein uneheliches Kind. Ich kenne meine wirklichen Eltern nicht. Meine Pflegeeltern waren immer sehr gut zu mir. Das kann ich nicht anders sagen. Aber ich habe irgendwie

Angst vor Mädchen. So habe ich keine Freundin, obwohl die meisten meiner früheren Klassenkameraden verheiratet sind. Und dann kommen dauernd die Sticheleien und Fragen: Komm, wir wetten, Pulle Sekt, daß du dich im nächsten Jahr verlobst. Und dann sage ich: Jao, Pulle Sekt! Und am liebsten würde ich Sch . . . schreien. Aber man muß ja mitmachen. Wissen Sie, was allein sein heißt? Sehen Sie mich an!"
Oder eine Büroangestellte, 20 Jahre: „Ich weiß nicht mehr weiter: Mein Vater hatte mit 35 Jahren einen Herzinfarkt. Seitdem ist er Vollinvalide. Er kann nicht mehr arbeiten. Hängt ewig zu Hause herum. Wird immer verbitterter und aggressiver. Ich habe jeden Abend Angst, nach Hause zu kommen. Sie können sich die Atmosphäre nicht vorstellen. Wenn meine jüngeren Geschwister nicht wären, dann würde ich abhauen. Aber meine Mutter steht immer auf der Seite meines Vaters. Sie schimpft und meckert genau wie er. Dann kann ich doch die Jüngeren nicht allein lassen. Aber wie soll ich das durchhalten?"
Bevor ich Priester wurde, hatte ich auch nicht gewußt, wieviel Hilfe wir im Glauben, im Gebet, im Gespräch mit Jesus finden können.
Ich denke an die Leiterin einer Gruppe, die ich von mehreren Gesprächen her kannte und die richtig verzweifelt war. Ihr Bruder saß im Gefängnis. Ihre Schwester konnte nicht genau sagen, wer der Vater ihrer beiden Kinder war. Und U. sagte mir, als ich sie besuchte: „Hauen Sie ab! Sie können mir mit Ihren frommen Sprüchen auch nicht helfen!" Nach langem Hin und Her schlug ich ihr vor: „Wir stehen beide heute nacht um 2 Uhr auf und versuchen, eine Stunde zu beten. Der einzige, der helfen kann, ist Jesus." U. erzählte mir später: „Ich hatte den Wecker gestellt. Als er um 2 Uhr rappelte, wollte ich mich erst umdrehen und weiterpennen. Aber dann dachte ich: Der Kaplan schleppt sich jetzt hoch und schmeißt sich in

die Riemen. Da mußt du doch wenigstens auch aufstehen. Und nach einer halben Stunde habe ich dann – halb verzweifelt, halb hoffend – einfach ‚Jesus' gesagt und versucht zu beten. Als ich dann um 3 Uhr wieder schlafen ging, da wußte ich: Es gibt ihn doch!"
Oder die drei Jungen, alle im gleichen Betrieb im dritten Lehrjahr, die aus Jux und Dollerei zu einem Exerzitienkurs gekommen waren. Sie hatten ihr Kartenspiel und die nötigen Mengen Alkohol mitgebracht und wollten sich ein paar fröhliche Tage (und Nächte) machen. Als ich die drei am Abend des ersten Tages so „in Aktion" auf einem Zimmer antraf, habe ich sie vor die Alternative gestellt: Entweder abhauen oder richtig mitmachen. Am Schluß des Kurses kamen die drei an: „Gut, daß Sie so konsequent waren! Wir haben gar nicht gewußt, daß das Nachdenken über sich selbst und das Beten so toll sein kann. Wir kommen im nächsten Jahr wieder und machen dann von Anfang an richtig mit." Und zwei von ihnen waren im nächsten Jahr wieder da.
„Ich habe gemerkt: Es lohnt sich zu beten. Es lohnt sich für mich und die Menschen, mit denen ich laufend zusammen bin." So schrieb mir ein Dreher, der in einem Exerzitienkurs zum erstenmal in seinem 19-jährigen Leben so richtig persönlich gebetet hatte.
Das klingt vielleicht alles ein bißchen pathetisch, blumenreich oder übertrieben?
In einem Jugendheim in M. berichteten einige Mädchen über die Exerzitien, an denen sie teilgenommen hatten. „Das war toll!" So ähnlich erzählten sie, jedenfalls ganz begeistert. Ein etwas älteres Mädchen, das verlobt war, fragte skeptisch: „Ihr schwelgt da in Begeisterung: schön, prima, toll – und wenn man genauer nachfragt, wißt ihr nichts zu sagen!" Ich habe dann dieses Mädchen gefragt: „Wie ist das eigentlich, wenn man verliebt und verlobt ist?" Sie strahlte über das ganze Gesicht: „Herr Kaplan, das

können Sie sich bei Ihrem Zölibat gar nicht vorstellen. Das muß man erleben!" „Genau das ist es", habe ich ihr geantwortet. „Wenn man nie selbst erlebt hat, was es bedeutet, Jesus zu lieben, zu ihm zu beten – dann hält man die Leute, die davon berichten, für fromme Spinner. Genauso wie ein leidenschaftlicher Junggeselle die Verliebten für gefühlsduselig und weltfremd hält."

Ich möchte mit diesem Buch einladen, ein neues Leben zu versuchen. Ein Leben mit Jesus!

Man muß sich allerdings dann echt mit ihm einlassen. Nicht so als Trick, als Experiment. Das klappt nicht. Ein inzwischen – wie ich meine glücklich verheirateter – Finanzbeamter erzählte mir, ihm sei mit fünfzehn Jahren im Kino aufgefallen, wie die Leute auf der Leinwand sich so oft und so lange geküßt hatten. Daraufhin beschloß er: Das mußt du auch mal probieren. Er spielte in einem Akkordeonorchester mit, in dem auch Mädchen waren. Eine von ihnen lud er zu einem Spaziergang ein. „Im Park auf einer Bank", so erzählte er, „saßen wir nebeneinander. Dann habe ich den Arm um ihre Schulter gelegt, und dann habe ich sie geküßt, das heißt: Ich habe meine Lippen auf ihre Lippen gelegt. Ich war ganz enttäuscht. Das einzige, was ich spürte, war, daß sie ein Pfefferminzbonbon gelutscht hatte."

Klar, daß man Liebe nicht dadurch erfahren kann, daß man die Kußtechnik experimentiert. So kann man auch das Beten, den lebendigen Umgang mit Jesus nicht durch ein technisches Experiment kennenlernen. Ich muß mich schon echt und ehrlich mit ihm einlassen.

Dazu möchte ich durch dieses Buch einladen.

Auf den gemeinsamen Gottesdienst, auf die Eucharistiefeier und die Beichte ist mit Absicht nicht eingegangen worden. Das soll in einem anderen Band geschehen.

Gestatten Sie, liebe Leserin, lieber Leser, daß ich in diesem Buch die Anredeform des „du“ verwende. Vielleicht entsteht dadurch auch leichter die Atmosphäre des Gespräches.
An dieser Stelle möchte ich all denen danken, die dieses Buch eigentlich geschrieben haben – den vielen jungen Arbeitnehmerinnen und Arbeitnehmern, denen ich als Priester begegnen durfte und deren Offenheit und Mut zum Neuanfang mich immer wieder froh gemacht hat.

Münster, im April 1973

Karl Lenfers

1. Der Wasserkran

Beten, was mich betrifft

Ich las einmal von einem seltsamen Experiment, das man in Südafrika gemacht hat. Zu einer großen technischen Ausstellung mit allen Leistungen unserer modernen Zivilisation holte man eine Gruppe von primitiven Buschmännern aus dem Urwald, die — kulturgeschichtlich gesehen — noch fast auf einer Stufe der Steinzeitmenschen standen. Man führte ihnen die Errungenschaften der Technik vor, verfrachtete sie sogar in einen Düsenklipper, um ihre Begegnung mit der modernen Welt möglichst drastisch zu gestalten. Das Ganze war natürlich eine Attraktion für die Psychologen, die sich dann auch gleich auf die „Wilden" stürzten, um herauszubekommen, was denn wohl den tiefsten Eindruck auf sie gemacht haben könnte. Aber zur allgemeinen Überraschung erzählten die Buschmänner nicht von den Flugzeugen, Computern oder Bulldozern. Ein ganz gewöhnlicher Wasserkran in der Küche hatte sie am meisten fasziniert. Daß jemand aus einer Wand kostbares Wasser herauszaubern konnte, das war für sie *das* umwerfende Erlebnis gewesen. Düsenflugzeug und elektronische Zahlenhexerei waren für sie Ereignisse in einer Märchenwelt. Das war irgendwie unwirklich und uninteressant. Doch der Wasserkran war etwas aus ihrer Welt. Sie wußten aus eigener Erfahrung, was Durst war, was es bedeutete, Wasser zu finden. Sie kannten die Not der Dürre. Darum war ihnen gerade *das* ein Wunder. Das betraf ihr Leben. Das hatte mit ihrer Mühsal und ihrer Hoffnung zugleich zu tun.

Wie haben wir unseren Glauben kennengelernt? Wurde er uns nicht oft so gewaltig und großartig — und lebensfremd beschrieben?

Da erwartete man unsere Ergriffenheit über das Geheimnis der Dreifaltigkeit oder erzählte uns von der Unbefleckten Empfängnis der Gottesmutter.
Aber, daß Gott mit mir, mit meinem alltäglichen Leben zu tun hat ...
Ich war einmal zu Besuch bei einer jungen Familie. Vor dem Abendessen hatte ich ein wenig mit den Kindern gespielt und ihnen eine Geschichte vom Kasperle erzählt. Nach Tisch beteten die Kinder, und Christoph, der Älteste (sechs Jahre), betete und sagte: „Lieber Gott, ich danke dir für den Tag. Wir sind satt geworden. Der Pudding war lecker. Die Geschichte, die der Onkel Kaplan erzählt hat, war richtig prima. Hoffentlich kommt er bald wieder und erzählt noch eine Geschichte. Amen."
War es nun das, daß ich so gut beim Beten wegkam, was mich so froh machte? Ich glaube nicht. Die Kinder hatten gelernt, lebensnah zu beten. Sie sagten nicht „fromme Sprüche" auf. Sie erzählten von ihrem Leben, von dem, was sie begreifen konnten.

1. These:

Wenn du beten willst, dann bete dein Leben! Versuche das, was dich bewegt, in Wort oder Gedanke vor Gott auszudrücken.

In einer Großstadt im Ruhrgebiet stellte ich einmal an einem Morgen in sechs Berufsschulklassen im Religionsunterricht die Frage: Was machst du eigentlich, wenn du nach Feierabend nach Hause kommst? Die Antwort läßt sich „symbolisch" zusammenfassen: „Ma kucken!"
Was machst du? — Oah, iärs ma bisken waschen und so. — Und dann? — Dann geh ich in 'ne Stadt. — Und was machst du da? — Oah, ma kucken!

Und was machst du? – Ich, ja, auch! – Was, auch? – Ich geh auch in 'ne Stadt. – Und wo gehst du dahin? – Oah, ma kucken!
Und was ist deine Beschäftigung nach Feierabend? – Ich kuck Fernsehen. – Welches Programm oder welche Sendung? – Oah, ma kucken!
Und was machst du? – Ich geh kickern oder hör die Musikbox in der Pommesbude. – Und wann entscheidest du dich, ob du kickern gehst oder zur Pommesbude? – Weiß i nich, oah, ma kucken ...
Manche Leute sagen: Das Beten ist langweilig. Ich vermute: Sehr oft sind diese Leute langweilig! Wenn mich nichts bewegt, mich nichts echt interessiert, wenn ich mein Leben nur oberflächlich und unkritisch sehe, was soll ich dann beten? Der kleine Christoph hatte noch etwas, was ihn bewegte – seinem Denken und Empfinden entsprechend. Und er konnte es sagen. Aber was sollen unsere „ma kucken"-Leute aus dem Kohlenpott beten?

2. „Nix los!"

Menschliches Leben ist immer interessant

Eines Abends kam ich in das Jugendheim einer großen Stadt im niederrheinischen Ruhrgebiet. Man hatte sich dort zur Arbeitsgemeinschaft der CAJ versammelt. Der Leiter versuchte mit List und Tücke, die Teilnehmer dazu zu bringen, aus dem Betrieb zu erzählen. Sie sollten berichten, was sie an diesem Tag erlebt hatten. Aber einstimmige Meinung aller: „Bei uns war nix los."
Ich fragte meinen Nachbarn Jupp: Wo arbeitest du?

Jupp: Bei X (einer großen Chemiefabrik). Ich: Was machst du denn da? Jupp: Ich bin auf dem Labor. Ich: Was machst du denn da – oder – ich wandte mich an die anderen – wißt ihr das alles schon? Nein, sie wußten nichts von der Arbeit in einem Labor in einem Chemiewerk. Und dann forderte ich Jupp auf: Erzähl doch mal, richtig der Reihe nach: Wann fängt die Arbeit an? Was hast du als erstes getan? Warum gerade das? Kannst du das selbst aussuchen oder wer entscheidet das? Mit welchen Leuten arbeitest du zusammen?
Jupp erzählte, und alle (!) hörten interessiert zu. Als Jupp die Arbeitskollegen erwähnte, unterbrach ich ihn: Wie heißen sie? Wie alt sind sie? Verheiratet? Wie alt sind die Kinder? Welche Sorgen haben die Kollegen, welche Hobbys?
Jupp erzählte fast eine Viertelstunde. Unter anderem kam dabei heraus: Eine Kollegin hatte am Tag vorher gefehlt und war jetzt wieder da. Sie war beim Gericht gewesen und hatte sich scheiden lassen. Ihre beiden Kinder waren vorübergehend in ein Heim eingewiesen.
Eine weitere Viertelstunde überlegten wir zusammen, ob und wie Jupp seiner Kollegin und deren Kindern helfen könnte.
Und dann kam Rainer. Er war Lokführer unter Tage in einer Zeche. Zuerst erzählte er stolz, daß er jetzt Großraumwagen fahre. „Jeder Wagen faßt drei Tonnen und ist ungefähr so lang wie von hier bis zur Wand und so breit wie der Tisch hier“, zeigte und erklärte er. Rainer war nicht sehr wortgewandt, aber bald wußten wir doch, daß er eine E-Lok (elektrizitätsbetrieben) fuhr, wieviel PS sie hatte, wieviel Wagen maximal der Zug hat, was man bei den Weichen, beim Be- und Entladen zu beachten hat. Und wir wußten auch, daß am vergangenen Tag ein Wagen an einer ungenau gestellten Weiche entgleist und

umgekippt war, daß der Fahrsteiger entsetzlich gebrüllt hatte. Wir haben überlegt, was Rainer machen könnte, wenn der Steiger ihn wieder so ungerecht behandeln würde.
Nix los?
Ich bin sicher, daß jeder Tag im Leben eines Menschen erwähnenswert ist. Es kommt darauf an, daß ich konkret und kritisch genug hinschaue.
Und noch eins ist mir an diesem Abend aufgefallen: Als Rainer und Jupp erzählten, oft stockend und unsicher, da haben wir alle interessiert zugehört. Angenommen nun, es würde stimmen, was wir so allgemein von Jesus hören: daß er gut ist, daß er die Menschen liebt, sich sogar für sie kreuzigen läßt – angenommen also, das alles würde stimmen: Würde Er sich dann nicht noch mehr als wir für Rainers und Jupps Leben und deines und meines interessieren?
Und angenommen, dieser Jesus ist Gott, der die Welt erschaffen hat und diese Welt auch vollenden wird: Wenn E r sich interessiert meinem Leben zuwendet, das muß sich doch positiv auswirken!
Natürlich, das ist das Risiko des Glaubens, ob das mit Jesus und Gott stimmt. Ich kann nur sagen: Ich glaube es. Ich versuche es immer neu, irgendwie immer tiefer zu glauben.
Ein Skeptiker wird behaupten: Die Leute, die beten, machen sich selbst was vor. Die stellen sich einfach einen Gesprächspartner vor – in Wirklichkeit reden sie vor die Wand oder in den Wind.
Ich kann dem Skeptiker nicht das Gegenteil beweisen. Es kann sich wohl an meinem Leben erweisen. Bei den Berichten von Jupp und Rainer haben wir jedesmal auch überlegt, was beide besser machen könnten. Das gehört sicher auch zum Gebet mit dazu. Wenn ich diesem Jesus von meinem Leben erzähle, dann muß ich mich auch fragen, wie Jesus wohl an meiner Stelle leben würde. Und klar, daß dann man-

ches anders werden muß. Und wenn das Leben der Christen dem Leben Christi ähnlicher wäre – dann gäbe es weniger Ungläubige.

2. These:

Das Leben jedes Menschen ist interessant. Es lohnt sich, diesen Alltag im Gebet mit Gott zu besprechen.

3. Die Sache mit der Kuh

Beten, was mir gefällt

Bevor ich dieses Kapitel schrieb, blätterte ich in meinen Notizen, in dem großen Stapel von Berichten und Briefen. Ich dachte mir, aus all dem einige Regeln für das Beten zu erarbeiten. Aber als ich so blätterte und las, da fiel mir auf, daß es jeder eigentlich anders macht.

Wenn ich nun doch versuche, einige „Regeln" des Betens zu beschreiben, dann muß ich vorher die Sache mit der Kuh erzählen.

Also, wenn eine Kuh auf der Wiese hungrig wird und fressen will, dann steht sie auf und schnuppert. Und wenn ihr das Gras zu sauer ist oder wenn zu viel Brennesseln oder Disteln da wachsen, dann stampft sie nicht wütend auf den Boden, brüllt auch nicht aggressiv oder zornig, sondern geht einfach ein paar Schritte weiter, bis sie etwas findet. Und das frißt sie dann. Aber nicht genug damit. Anschließend wiederkäut sie das Gefressene – viermal, wenn ich richtig informiert bin.

So ähnlich sollte man es mit den Anregungen zum

Gebet machen. Wenn mir das eine oder andere Kapitel nicht zusagt oder nichts gibt, dann nicht wütend das Buch in die Ecke feuern, sondern weiterlesen. Und wenn ich dann ein Kapitel finde, was mich anspricht: dann wiederkäuen. Dann versuchen, so zu beten, wie es da angeregt wird. Nicht weiterlesen! Es so oft versuchen und tun, bis es dir zu eigen wird!
Das ist wie mit einem Fußballspieler. Er trainiert ja nicht dadurch, daß er ein Buch über das Fußballspiel und bestimmte Trainingsübungen liest. Das Lesen wird nur fruchtbar, wenn er anschließend das Gelesene zu tun versucht.
Was aber soll man zuerst tun? Die Antwort gibt die Kuh: zunächst das, was schmeckt.
Ein Sportler, der echte Leistungen bringen will, muß mehr tun. Er wird sich einen Trainer suchen, der ihm genauere Anweisungen gibt. Dann auch solche, die nicht „schmecken", aber gerade deshalb nötig sind – etwa, weil bestimmte Muskelpartien unterentwickelt sind.
Vergleichbar trifft das auch für das Gebet zu. Aber zunächst gilt:

3. These:

Wenn ich anfange, mich für das Gebet zu interessieren, muß ich so beten, wie es mir(!) am besten gefällt.

4. Warum wollen Verliebte sich so häufig treffen?

Von der Ordnung des Betens

Das Beten ist menschliches Tun. So gilt für das Beten auch das, was für anderes menschliches Handeln gilt.
Paul und Pauline haben sich auf einer Party kennengelernt. Nein, nicht kluge Freunde oder die Eltern, die Sorge hätten, daß ihre Kinder „keinen mehr mitkriegten", haben sie „zusammengetrickst". Paul und Pauline haben sich einfach so kennen- und zunächst ein ganz kleines bißchen liebengelernt.
Und was ist die erste, ganz selbstverständliche Reaktion? Sie machen ab, wann sie sich wiedertreffen, um zusammen sein, um miteinander sprechen zu können.

4. These:

Wenn ich es ernst nehme mit dem Beten, muß ich mit mir ausmachen, wann ich wieder bete. Ich muß einen Rhythmus, eine Ordnung finden, an die ich mich halten kann.

Meiner Erfahrung nach liegt hier ein Hauptproblem des Betens. Wenn du nur dann betest, wenn du dazu „ein Bedürfnis verspürst", wirst du nie lebendig beten lernen. Wenn ein Sportler nur dann trainiert, wenn er gerade Lust hat, wird er es nie zu etwas bringen.
Damit das Gebet lebendig bleibt und nicht zu einer bloßen Pflichtübung wird, brauche ich immer neue Anstöße. Frage, entscheidende Frage: Woher be-

komme ich die immer neue Initiative zum Beten?
Schauen wir uns noch einmal Paul und Pauline an. Zunächst also treffen sie sich, weil es ihnen Freude macht. Nun kann Pauline es ja nicht für sich behalten, daß sie „mit Paul geht". Zumindest Bärbel, ihre allerbeste Freundin, muß es wissen. Vier Wochen später ist Paul an einem Wochenende verreist. Bärbel, die allerbeste Freundin, fragt denn auch gleich am Montag morgen: Wo war der Paul denn gestern?
Es scheint da auch so eine Art Sonntagsgebot zu geben. (Bei anderen noch zusätzlich ein „Mittwochsgebot".) Wenn man „miteinander geht", dann hat man sich am Wochenende und wenigstens einmal in der Woche zu treffen.
Wir wissen von der Psychologie her, daß wir zu unserem Tun immer durch ein Bündel von Motiven angetrieben werden. Es wäre sehr interessant, zu untersuchen, wie sich dieses Motivbündel zusammensetzt. Angenommen, man braucht hundert Punkte, um einen Entschluß durchzuführen. Welche Motive spielen beim Paul mit, damit er am Samstagabend zur Pauline geht?
Wir schätzen mal:
5 Punkte, weil Paulines Mutter, die ja sehr am Bestehenbleiben des Verhältnisses ihrer Tochter interessiert ist, solch ein herrliches Abendessen zu bereiten pflegt. (Sie weiß schon, welche Pilzsorte Paul bevorzugt!)
1 Punkt, weil Paul dann nicht beim Abtrocknen zu helfen braucht.
10 Punkte, weil Paul anschließend mit Pauline spazierengeht und er der staunenden Umwelt vorführt: Dieses ausgesprochen hübsche Mädchen ist meine(!) Freundin.
10 Punkte, weil Paul sich daran erinnert, wie es früher, als er Pauline noch nicht kannte, am Wochenende so langweilig war.

2 Punkte, weil Pauls Schwester am Freitagabend ganz selbstverständlich erwähnt, daß Paul morgen abend ja wieder zur Pauline geht.
5 Punkte, weil Pauls Freund,
2 Punkte, weil Pauls Vorarbeiter,
3 Punkte, weil Pauls Kollegen ähnliches erwähnen.
7 Punkte, weil Paul seinem arroganten Kollegen, der laufend mit der Schar seiner Freundinnen angibt, nun endlich zeigen kann, daß er, Paul, doch auch Eindruck macht auf die Damenwelt.
Das sind schon 45 Punkte. Jetzt muß man allmählich aufhören zu sammeln, sonst verliert das Motiv, das man, oberflächlich betrachtet, als einziges ansehen würde, noch die Mehrheit. Nämlich dieses: Paul liebt seine Pauline, und er weiß, vermutet, hofft, daß sie ihn auch liebt.
Das Beten ist menschliches Tun. Ich werde das Beten nur dann durchhalten (jedenfalls so lange, wie ich kein kompletter Heiliger bin), wenn ich auch ein Bündel von Motiven dafür habe.
Natürlich wäre es ideal, wenn ich hundertprozentig deshalb beten würde, weil ich Jesus liebe und weil ich weiß, daß er mich liebt. Aber das wäre – recht verstanden – unmenschlich, weil unrealistisch. Mit Recht – so scheint mir – kritisieren wir das religiöse Leben mancher Menschen, bei denen wir den Eindruck haben, daß sie nur oder vor allem deshalb beten, weil es alle tun oder weil es immer schon so war. Wenn dieses Motiv die Mehrheit bekommt, dann kann das Beten sehr schnell hohl und rein äußerlich werden.
Aber ganz ohne dieses Motiv können wir nicht beten. Die Soziologie sagt, daß wir für unser religiöses Verhalten „Plausibilitätsstrukturen" gebrauchen. Damit ist gemeint: Wir brauchen für unser Tun, das sich aus Wahrheiten ergibt, die nicht beweisbar sind, Mitmenschen, die sich um das gleiche bemühen. Es liegt

im Wesen des Glaubens, daß er nicht beweisbar ist. So kann ich aus dem Glauben heraus nur in Gemeinschaft leben. Auf unser Thema angewandt: Wenn ich beten will, kann ich das auf die Dauer nur schaffen, wenn ich es gemeinsam mit anderen tue; wenn ich weiß, daß auch andere, genau wie ich, sich bemühen. Das ist ein soziologisches Gesetz, wissenschaftlich erwiesen, ob ich das nun wahrhaben will oder nicht.
Dieses Gesetz widerspricht einer der gefährlichsten modernen Irrlehren, nämlich der Behauptung: „Das muß doch jeder selber wissen!“
Sobald man auf religiöse Fragen zu sprechen kommt, hört man heute sehr oft diesen Slogan. Man muß – jedenfalls wenn man wissenschaftlich soziologisch argumentieren will – genau das Gegenteil sagen: „Glaube kann ich nur in Gemeinschaft wissen!“ Aber woher kommt solch eine Irrlehre? Es kann doch kein Zufall sein, daß sonst so vernünftige und sympathische Menschen gerade hier falsch liegen.
Ich vermute, das hat unter anderem folgenden Grund: In der Nachkriegszeit war es „in“, gläubig zu sein. (Man darf allerdings nicht vergessen, daß zu Hitlers Zeit es umgekehrt war und daß viele in Gefängnissen und Konzentrationslagern für ihren Glauben Entsetzliches mitgemacht haben!) Jeder ging zur Kirche – aber bei vielen war es nur 20 oder 10 Prozent echte Überzeugung. Und zu 80 oder 90 Prozent tat man es der anderen wegen oder um Vorteile zu haben.
Diese Unehrlichkeit wird mit Recht abgelehnt. Vielleicht schwingt auch noch eine Erfahrung aus der Hitlerzeit oder aus jetzt autoritär regierten Ländern mit: Wenn von oben vorgeschrieben wird, was zu glauben und zu tun ist, dann ist demgegenüber die Reaktion: „Das muß doch jeder selber wissen!“ sogar richtig.
In diesem Zusammenhang denke ich an Gabi. Sie kam aus einer religiös gleichgültigen und oberflächlichen Familie. Das Hauptinteresse der Mutter be-

stand darin, ihre drei Töchter möglichst schnell „an den Mann zu bringen“. Deshalb befürwortete sie zunächst auch Gabis Aktivität in der Jugendarbeit. Gabi lernte hier den Glauben kennen. Da sie sehr konsequent war, war es eine reine Freude, zu erleben, wie sie immer tiefer und überzeugter aus dem Glauben lebte. Dann überlegte sie, Hotelsekretärin zu werden, und ging in ein großes Hotel nach Süddeutschland. Fast ein Jahr später ergab sich für mich die Möglichkeit, Gabi zu besuchen. Als ich sie im Empfangsbüro des riesigen, ganz abseits gelegenen Hotels traf, hatte sie keine Zeit. Sie bat mich, im nahen Dorf in einer Wirtschaft auf sie zu warten. Sie erzählte dann: „Ich habe Sie mit Absicht gebeten, daß wir uns nicht in unserem Hotel treffen. Sie können sich nicht vorstellen, was da unter dem Personal für eine Atmosphäre herrscht. Man sagt mir schon nach, daß ich wohl pervers sei, weil ich keinen Freund habe und nicht mit einem der männlichen Angestellten ‚ins Bett steige‘. Und wenn die jetzt sehen, daß ich Besuch von einem Priester bekomme, dann ist die Quatscherei komplett.“
Ich war einfach baff, wie Gabi trotz dieser Atmosphäre zum Glauben stand. Da sie sonntags nicht zur Kirche kam, fuhr sie an ihrem freien Tag mit dem Fahrrad ins Dorf hinunter. (Es ging die ganze Strecke bergab.) Nach der hl. Messe fuhr sie per Anhalter wieder herauf. Und der Fahrer des Postbusses brachte am Nachmittag das Fahrrad mit dem Bus wieder herauf.
Wieder zwei Jahre später besuchte ich Gabi auf dem Flugplatz in Düsseldorf. Sie war inzwischen Stewardeß. Doch war in dieser Zeit ihr Kontakt zu den anderen Mädchen zu Hause abgerissen, und ihre Briefe an mich wurden auch immer seltener. Das Milieu, in dem sie lebte, war dem Glauben fremd und feindlich. Sie hatte niemand mehr, der mit ihr gespro-

chen oder ihr einfach durch sein Leben gezeigt hätte, daß der Glaube sich lohnt.
Und wer kann dann durchhalten?
Aus diesem Grund bin ich zum Beispiel auch für eine Intensivierung des Sonntagsgebotes. Es dürfte nicht mehr wie bislang als „Anordnung von oben" angesehen werden. So als wenn Papst und Bischof kommandieren: Katholiken, Kopf ab zum Gebet! Antreten zur Sonntagsmesse! Das Sonntagsgebot müßte eine Absprache unter den Gläubigen sein: Wir gehen sonntags zur Kirche!
Eine Gruppe von 16jährigen Lehrlingen, aus deren Familie niemand sonntags zur Kirche ging, einigte sich so: Wir gehen sonntags um 9 Uhr in die Messe. Anschließend halten wir einen Frühschoppen. Es mag durchaus sein, daß bei einzelnen häufig mehr als 50 Prozent der Frühschoppen das Motiv zum Aufstehen war und nicht die Messe. Aber ist es nicht besser, (auch) des Frühschoppens wegen in der hl. Messe zu sein, als aus fehlender Christusliebe im Bett zu bleiben? Ist nicht im ersten Fall (erst recht dann, wenn eine lebendige Gruppe dahintersteht!) die Chance viel größer, daß die Wirksamkeit der echten, überzeugenden Motive wächst?

5. These:

Um regelmäßig zu beten, brauche ich Motive. Ein sehr wichtiges Motiv: Ich stehe mit meinem Bemühen nicht allein. Ich kenne noch andere, die das gleiche wie ich versuchen.

Ich weiß, daß gegen diese These heute energisch und lautstark protestiert wird. Es heißt dann: Wenn die nur der anderen wegen beten, dann lieber gar nicht!
Aber in diesem Satz stecken gleich zwei Fehler: Er-

stens ist hier nicht vorgeschlagen worden, nur(!) der anderen wegen zu beten, und zweitens: Solange wir als recht unvollkommene Menschen auf der Erde leben, dürfen wir nicht erwarten, im Handumdrehen Vollkommenes leisten zu können. Auch der Olympiasieger im Marathonlauf mußte einmal laufen lernen. Wer das nicht ernst nimmt, gehört wohl zu denen, über die der Theologe Johann B. Metz schreibt: „Nie tun Menschen einander soviel Böses an, als wenn sie ungeduldig das Rein-Gute verwirklichen wollen. Der Gang der Geschichte beweist es uns immer wieder: Wie im Namen von Utopien des Innerweltlichen Heilsknechte, die nicht von Gott gesandt waren, auszogen, um alles Unkraut zu jäten und dabei den Weizen Gottes furchtbar zerstörten ... Nie kann sich unser Dasein im Licht des reinen, fraglosen Guten erheben. Ungeschieden sprossen Weizen und Unkraut auf dem Acker unserer Freiheit, der unser Leben ist."

5. Not lehrt beten

In den vergangenen Jahren habe ich in den Exerzitienkursen viele Jugendliche gebeten, einmal aufzuschreiben, wann sie richtig gut gebetet hatten. Für eine große Gruppe trifft die Überschrift dieses Kapitels zu: Not lehrt beten.
Nun höre ich schon den Einwand: „Wenn die nur dann beten, wenn es ihnen dreckig geht ..." Aber kann man nicht genausogut sagen: „Wenn die schon mal dann beten, wenn es ihnen dreckig geht ..." Oder auch: „Wenn einem Menschen in Not Beten eine Hilfe ist, dann wäre es sehr unmenschlich, ihm diese Hilfe madig zu machen."

Doch statt der Diskussion hier einige Tatsachen. Vielleicht findest du dich dort wieder. Vielleicht helfen sie dir, andere Menschen besser zu verstehen.

„Ich kam aus der Schule, fröhlich, weil meine Rechenarbeit gut ausgefallen war. Ich kam herein, sah meine Mutter und war schockiert. Sie hatte verweinte Augen. Ich fragte, was denn los sei. Da erfuhr ich, daß mein Vater einen Schlaganfall erlitten hatte, daß er heute morgen in die Klinik eingeliefert worden war. Aber nach Aussage des Arztes war es nicht sehr gefährlich. Erst war ich wohl fertig, aber da es ja nicht gefährlich war, beruhigte ich mich bald wieder. Dann kam das Abendessen. Mein kleiner Bruder war knatschig, weil Vater nicht da war. Und auch uns belastete es. So war der Zustand etwas gespannt. Da klingelte es. Die Polizei. ‚Sie müssen sofort nach Münster, Ihr Mann liegt im Sterben!' Dann war alles nur noch wie automatisch: Mantel holen, Nachbarin bestellen, um auf den Bruder aufzupassen; Nachbarn holen, damit er uns im Auto hinbringen würde. Ja, und dann saß man im Auto. Es war Glatteis. Als wäre es extra so, alle Ampeln waren rot. Ich bekam auf einmal schreckliche Angst. Jede Minute war kostbar, das wußte ich. Und die Fahrt dauerte eine Ewigkeit. Ich weinte, weil ich irgend etwas tun mußte. Ja, und dann habe ich gebetet, ganz von selbst. Ohne daß ich mir gesagt hatte: ‚So, jetzt betest du!' Ich habe auch nicht schön, nicht intelligent gebetet. Ich glaube, ich habe die ganze Stunde immer dasselbe gestammelt, immer wieder: ‚O mein Jesus, laß ihn nicht sterben. Ich habe Angst. Hilf mir.' Immer dasselbe! Ich weiß nicht, was ich damals noch empfunden habe, aber ich hatte Angst, entsetzliche Angst. Wir kamen an. Raus aus dem Auto. Meine Mutter rannte vor, ich hinterher. Dann waren wir auf der Station. Die Schwester kam auf uns zu. Wir dachten, jetzt ist alles aus. Aber es ging Vater besser. Wir waren wie vor den Kopf geschlagen, richtig happy. Mein Vater ist wieder gesund geworden. Er muß zwar immer noch regelmäßig zum Arzt. Aber er lebt, und obwohl ich manchmal zweifle und glaube, Jesus könnte sich mehr um die Menschen kümmern, glaube ich, daß er mich damals gehört hat."

„Ich hatte einen Jungen kennengelernt. Er war nach meiner Meinung einsame Klasse. Die Meinung meiner Eltern interessierte mich nicht. Vom Glauben hielt er nicht viel. Seine Meinung über Gott nahm ich an und konnte das Entsetzen meiner Eltern nicht begreifen. Ich hörte in der Zeit nur seine Meinung, weil ich mich absonderte. Ich ging nur mit Widerwillen zur Kirche, das Beten verlernte ich ganz. Ich hatte ja ihn! Das war wohl der größte Fehler, den ich je gemacht hatte. Mich interessierten seine Erlebnisse, die er angeblich schon hinter sich hatte, nicht. Dann machte er ganz plötzlich Schluß. Es existierte eine Verlobte, die ein Kind von ihm erwartete. Er ließ mich stehen. Ich hatte die ganze Zeit über gar nichts nachgedacht. Meine früheren Freunde und Freundinnen kannten mich kaum noch. Ich ging nicht mehr aus. Ich verschloß mein Zimmer und dachte nach. Das ging oft so weit, daß ich schon an Selbstmord dachte. Ich konnte mit niemandem darüber sprechen. Das war mein eigenes Verschulden. Ich konnte doch keinem einen Vorwurf machen. Warum und weshalb auch. In dieser Zeit versuchte ich zu ergründen, was es mit Gott auf sich hat. Ich kann nicht erklären, wie ich es fertiggebracht habe, durch einfaches Lesen in der Bibel über meinen Kummer hinwegzukommen. Es fiel mir unsagbar schwer. Ich glaube auch jetzt noch nicht so an Gott, wie es ein gläubiger Christ müßte. Aber es hilft mir."

„Es war eines Morgens. Der Chef kam zu mir und

sagte: ‚Sie kommen einmal mit ans Band.‘ Ich hatte Angst, weil es immer schwere Arbeit dort gibt, und so habe ich im stillen vor mich hin gebetet und gesagt: ‚Gott, hilf mir, daß ich die Arbeit schnell kapiere.‘ Die Vorarbeiterin hat mir dann gezeigt, wie es gemacht wird. Aber beim ersten Mal klappte es nicht, und so habe ich es noch einmal versucht und habe gedacht: ‚Hoffentlich hilft Gott mir jetzt dabei.‘ Und so mußte ich es noch einmal versuchen, und es hat geklappt. Der Chef hat es gesehen, und er sagte: ‚Sie schaffen es schon.‘ Nach einer Woche mußte ich noch mehr Arbeiten lernen, weil das erste dann für mich zu leicht war. Ich habe mich sehr darüber gefreut, daß Gott mir geholfen hat.“

„Vor fast sechs Jahren habe ich einmal richtig gebetet. Mitten in der Nacht kam unsere Nachbarin zu uns, zu meiner Schwester und mir, ins Zimmer und weckte uns. ‚Kommt doch bitte sofort mit nach unten ins Wohnzimmer.‘ Wir gingen mit. Meine Mutter weinte herzzerbrechend, und wir wußten noch nicht, was geschehen war. Meine Mutter sagte nicht viel, aber was sie sagte, sollte für uns weiterhin sehr schwer zu tragen sein: ‚Papa ist verunglückt. Er ist tot!‘ Wir saßen da unten und wußten nicht, was uns ankam. Ich konnte zuerst gar nicht begreifen, was eigentlich los war. Zuerst weinte ich auch nicht. Doch als ich anfing zu begreifen, daß ich keinen Vater mehr haben sollte und daß wir ihn um kurz vor 7 Uhr noch gesehen hatten und daß er jetzt tot sein sollte — nie wiederkommen würde, da heulte ich los. Wir blieben noch Stunden auf. Als wir dann aber ins Bett gingen, konnte ich nicht schlafen, obwohl ich sehr müde war. Dann habe ich gebetet. Ich glaube, ich kann es heute noch sagen, was und wie ich gebetet habe. Ungefähr so: ‚Lieber Vater im Himmel, du hast mir meinen Vater genommen. Warum? Warum hast du das getan? Ich kann es nicht begreifen. Vorhin haben wir noch Blödsinn gemacht, und jetzt kommt er nicht, nie mehr, nie mehr wieder! Bitte hilf uns, hilf mir, daß ich immer an Papa denke und daß Mama noch lange bei uns bleibt. Ich danke dir dafür. Amen. Gute Nacht, lieber Vater im Himmel.‘ Bei diesem Gebet habe ich geweint und nachher auch noch. Aber dann muß ich doch eingeschlafen sein. Dieses Gebet war furchtbar für mich, und dennoch habe ich es ehrlich gemeint. Seitdem konnte ich selber richtig beten, bis auf manchmal. Dann weiß ich einfach nicht mehr, was ich beten soll.“

„Ich hatte sehr viel Angst vor meiner schriftlichen Prüfung. Einen Tag vorher war ich so nervös, daß es mich in meiner Mittagspause einfach zur Kirche drängte. Dort saß ich etwa zehn Minuten. Still, ganz für mich allein. Ich konnte Gott mein Anliegen vortragen. Ich habe so fest daran geglaubt, daß mir geholfen wird, daß ich am anderen Tag sehr gefaßt und ruhig war. Seitdem, wenn ich ein Anliegen habe, setze ich mich auf mein Zimmer und spreche mit Gott.“

„Es war vor zwei Jahren zu Weihnachten. Ich hatte meine Freundin besucht und wollte nach Hause fahren. Sie warnte mich noch vor dem Glatteis. Ich machte eine Bremsprobe und bemerkte nichts. Etwa 10 km weiter geschah es. Ich geriet in einer Kurve durch unkontrolliertes Lenken ins Schleudern durch Straßenglätte. In diesem Moment wußte ich nur noch eins: ‚Gott – kein anderer kann das Allerschlimmste verhindern.‘ Ich schleuderte so 100 bis 200 Meter von der einen zur anderen Straßenseite und landete mit meinem Wagen in einem fünf Meter tiefen Graben. Der Wagen hatte Totalschaden, und ich hatte nur eine Gehirnerschütterung abbekommen. Ein nachfolgender PKW brachte mich ins Krankenhaus. Als ich aus dem Krankenhaus entlassen wurde, fuhr ich an einem stillen Wochentag zum Wallfahrtsort. Ich zündete dort in der Kapelle eine Kerze an und begann ehrlich mit Gott zu sprechen. Kein anderer hätte mich aus dieser Notlage so unverletzt befreit."

„Mein Vater ist sehr schwer krank. Er hatte einen Herzinfarkt. Seit einem halben Jahr ist er auch noch auf einem Auge blind. Eines Abends, als ich schon im Bett lag, hörte ich meine Eltern miteinander reden. Mein Vater sagte: ‚Hätte ich mir damals, als ich im Sterben lag, noch einen Stoß gegeben. Dann brauchte ich dies alles nicht mehr mitzumachen. Wozu lebe ich eigentlich noch? Ich fühle mich richtig überflüssig. Ich verstehe alles nicht mehr so wie früher. Ich gehe den ganzen Tag nur spazieren und falle anderen Menschen auf die Nerven.' Hiervon war ich sehr betroffen. Ich weinte fast die halbe Nacht. Ob ich aus Mitleid geweint habe oder nicht, das kann ich nicht sagen. Dann fing ich an zu beten. Ich sprach mit Gott, mit meinen eigenen Worten, so, wie ich es immer tue, wenn ich wirklich bete. Ich bat ihn, es meinem Vater leichter zu machen. Ich sprach mit ihm, wie mit einem, der Macht hat, aber doch menschlich ist. Daraufhin wurde ich ruhiger. Dann dachte ich mir: Immer wenn du in Not bist und wenn etwas vorgefallen ist, sprichst du mit Gott. Warum schaffst du das eigentlich nicht sonst? Ich versuche es zwar öfter, aber meistens bin ich dann nach kurzer Zeit wieder mit meinen Gedanken woanders. Diese Gedanken verschwanden jedoch bald, und ich schlief kurze Zeit darauf ein."

„Meine Mutter wurde ganz plötzlich krank. Sie hatte Magenbluten. Es ging ihr ziemlich dreckig, so daß sie viel Blut verloren hat. Auf dem Weg von meiner Arbeitsstelle begegnete mir noch der Krankenwagen, der sie ins Krankenhaus brachte. Zu Hause saßen mein Onkel und meine kleinen Geschwister. Ich setzte mich in einen Sessel und fing an zu weinen. Ich konnte einfach nicht mehr. Es war ein harter Schock für mich. Ich sah die ganze Verantwortung des Haushaltes auf mich zukommen. Außerdem mußte ich ja auch noch zur Arbeitsstelle. Meine Mutter hatte noch mit letzter Energie das Mittagessen vorbereitet. In der darauffolgenden Zeit war ich einmal so fertig und kaputt, daß ich so hätte weinen mögen. Dann betete ich: ‚Herr, gib mir die Kraft, daß ich diese Schwierigkeiten durchstehe. Meine Mutter hat auch die Kraft dazu. Hilf mir, daß die anderen auch mit meiner Arbeit zufrieden sein können. Hilf aber auch meiner Mutter, daß sie weiter die Energie aufbringt und dadurch und mit deiner Hilfe bald wieder gesund wird. Aber warum hast du das zugelassen?‘ Danach war ich wieder so beruhigt, daß ich weiter arbeiten konnte."

Ein Autofahrer merkt bei normaler Fahrt kaum, ob Profil auf den Reifen ist oder nicht. Er merkt es aber sofort in kritischen Situationen, bei Straßenglätte, Bremsmanövern. Ich meine, daß sich dieser Vergleich auf die hier besprochene Frage „Not lehrt beten" anwenden läßt. Oft spürt der Mensch erst in kritischen Situationen, daß er Vertrauen zu Gott hat, daß er beten kann. Es ist unwahrscheinlich, daß jemand, der nie gebetet und sich wirklich nie um Gott gekümmert hat, in Notsituationen dann doch an Gott denkt. Not kann auch resignieren oder verzweifeln lehren. Wenn Not zu beten lehrt, dann ist das ein Zeichen dafür, daß der Betroffene doch Vertrauen zu Gott hat, wenn dieses Vertrauen vorher vielleicht auch tief verschüttet war.

6. These:

Not kann oft aus Oberflächlichkeit aufrütteln. Schwierigkeiten im Leben können ein Weg sein, wieder tiefer zu Gott zu finden.

6. „Was soll denn so ein Gott?"

Für den Glauben gibt es keinen Beweis

Werner ist Schlosser in einem großen Textilbetrieb. Er erzählte: „Am Tag nach der Fronleichnamsprozession gab es im Betrieb eine große Diskussion. Karl sagte: ‚Ihr seid ja genau so doof wie die Neger im Busch. Sie beten die Sonne an oder einen Baum. Und ihr schleppt da ein Stückchen Brot durch die Straße. Was soll denn so ein Gott? Das ist doch alles bloß Theater!'" Darauf fragte ich Werner, was er denn geantwortet habe, und ich war richtig gespannt auf die Antwort, denn Werner war nicht auf den Mund gefallen. „Ich habe gar nicht geantwortet", erzählte Werner. „Ich habe gefragt: Du hast doch einen Hund zu Hause? – Ja, was soll das denn? – Was passiert, wenn er krepiert? – Was soll da passieren? Dann ist er kaputt. – Und, du hast doch auch ein Kind. Was passiert, wenn das stirbt? – Ja, hör mal, du! – Ja, ich meine das jetzt nur so – wäre dann dein Kind genauso weg wie der Hund? – Mann, jetzt werde nicht frech! – Komm, nicht kneifen! Bist doch auch der Meinung, daß beim Menschen nicht alles so vorbei ist wie beim Tier. Obwohl beide ganz gleich tot sind. Weißt du, ich denke mir, daß der Mensch dann irgendwie bei Gott weiter lebt. Jedenfalls habe ich so etwas in der Bibel gelesen. Und was meinst du?" Darauf, so Werner, habe der andere keine Antwort gewußt.

Ich kann den Karl gut verstehen. Wahrscheinlich hat er seit seiner Schulentlassung nichts mehr über den christlichen Glauben gehört als billige Parolen und Angriffe. Es ist ja auch gar nicht so leicht zu glauben, daß Jesus in der Eucharistie tatsächlich und wirklich da ist. Es war für die Menschen zur Zeit Jesu auch

nicht einfach zu glauben, daß der Zimmermann aus Nazaret Gottes Sohn sei. Aber wenn man, wie schon im 2. Kapitel, die Frage andersherum stellt: Angenommen, das stimmt... Und ich setze mich dann ehrlich mit dem christlichen Glauben (nicht mit billigen Parolen über ihn!) auseinander – dann wird mir nicht die Entscheidung des Glaubens abgenommen, aber dann wird sie möglich und sinnvoll.
Ich finde die Geschichte mit dem Petrus so interessant. Im Mattäusevangelium (14,22-33) wird erzählt, daß Jesus nachts, als die Jünger im Boot über das Meer fuhren, plötzlich über das Wasser schreitend auf sie zukommt. Die „mutigen Männer" schreien vor Angst. Aber Jesus ruft ihnen zu: „Keine Angst, ich bin es ja!" Und dann ruft er den Petrus aus dem Boot. „Komm!"
Er hätte auch mit Petrus diskutieren können (was er an anderer Stelle auch getan hat). Aber, bei aller Wertschätzung der Diskussion: Dadurch entsteht kein Glaube. Denn christlicher Glaube bedeutet nicht in erster Linie: Ich glaube etwas. (Darüber könnte man diskutieren.) Glauben in christlichem Verständnis bedeutet: Ich glaube jemand. Ich vertraue. Und Vertrauen entsteht nur dadurch, daß ich es verschenke.
Darum fordert Jesus den Petrus dazu auf. Eigentlich eine tolle Sache: Jesus traut dem Petrus zu, daß dieser seiner Aufforderung entspricht. Das Vertrauen des Petrus ist eine Antwort auf das Vertrauen, das Jesus in ihn setzt.
Und so traut Jesus uns heute zu, daß wir ihm vertrauen, daß wir zu ihm beten, daß wir mit ihm leben – obwohl alle Welt um uns herum uns deshalb für verrückt erklärt. Jesus fordert uns heraus durch Menschen, die uns genauso menschlich begegnen, wie er damals dem Petrus begegnet ist, einfach anzufangen. Ob das gelingt? Das weiß man vorher nicht. Das merkt man erst im Tun.

Ob das Leben mit Jesus Blödsinn ist oder tiefste Erfüllung? Beides wird behauptet. Nur dadurch, daß ich es selbst versuche, kann ich erfahren, welche Behauptung stimmt.

7. These:

Es gibt keinen Beweis dafür, daß es Gott gibt. Es gibt keinen Beweis dafür, daß das Gebet, das Gespräch mit diesem Gott sinnvoll ist. Nur im Tun erweist sich der Sinn.

Man hat in der Vergangenheit manchmal versucht, die Wahrheit des Christentums mit dem zu beweisen, was große Christen, Heilige geleistet haben. Aber ich glaube nicht, daß das richtig ist. Ich bin auch stolz auf das, was große Männer und Frauen der Kirche geleistet haben. Und ich bin sicher, daß viele, die die Kirche kritisieren, von diesen Leistungen keine Ahnung haben. Aber es gibt auch so schrecklich viel, was Christen falsch gemacht haben. Wieviel Krieg, Ungerechtigkeit und Lieblosigkeit ist durch Christen verübt worden. Nein, die Christen zeichnen sich nicht durch ihre Leistungen aus. Ihre „Auszeichnung" besteht darin, daß sie Gottes Nähe und Liebe intensiver erfahren dürfen. Ihnen wird mehr geschenkt an innerem Glück. Für Christen haben Freude und Not, Leben und Tod einen tieferen Sinn – wenn sie ihr Leben mit Jesus leben. Wenn sie betende Menschen sind.
Dann bleibt die Frage: Warum hat Jesus ausgerechnet mich zum Christen berufen? Warum darf ausgerechnet ich an dieser Freude teilnehmen? Auf diese Frage gibt es keine Antwort. Das ist das Geheimnis Gottes.

7. Immer das gleiche

Vertiefen durch Wiederholen

Max und Monika haben sich verliebt. Max hat das sachlich festgestellt und überreicht seiner Monika eine Urkunde: „Hiermit erkläre ich dir, daß ich dich sehr liebe. Ich verpflichte mich, daß wir uns am 15. September im nächsten Jahr verloben und daß wir am 30. Mai im Jahr darauf heiraten." Es folgen Datum und Unterschrift. Monika fragt ganz erschrocken, was denn das soll. Max erklärt: „Ich hätte gern von dir auch solch eine Urkunde. Weißt du, das ganze Flirten und Poussieren, das stinkt mir. Das ist Zeitverschwendung. Wir sagen uns jetzt einmal klipp und klar, daß wir uns lieben. Meinetwegen kannst du mich gleich auch küssen. Aber dann hat sich die Sache. Dieses ewige Süßholzraspeln. Das ist doch Zeitverschwendung!"

Der arme Max!

Seltsam, solch ein hochgradig Verliebter hat nichts dagegen, wenn er seiner Freundin immer wieder sagen kann: Ich liebe dich. Manch nüchterner Techniker wird dann, ganz im Gegenteil zu Max, recht erfinderisch. Durch Worte, Gesten, Geschenke versucht er auf verschiedenste Weisen immer neu das eine auszudrücken: Ich mag dich. Du bedeutest mir sehr viel.

Warum wird diese „ewige Wiederholerei" nicht langweilig? Wenn es stimmt, daß der Verehrer seine Freundin liebt, dann identifiziert er sich innerlich mit dem, was er sagt. Dann wird dadurch, daß er es immer wieder sagt, seine innere Überzeugung tiefer und ehrlicher.

Wenn er natürlich trickst und von Liebe schwätzt und im Grunde nur das Geld seiner angeblichen Freundin

will, dann wächst auch durch das Reden keine Liebe.
Wenn jemand in die Kirche geht und bei der Litanei nur sein „Erbarme dich unser" herunterleiert, ohne wirklich Gottes Erbarmen auf die Welt herabrufen zu wollen, dann ist das natürlich nichts. Dann wird er das mit Recht als schrecklich langweilig empfinden.
Wenn aber das Mädchen (siehe Bericht Kap. 5) auf dem Weg zum schwerkranken Vater in der Klinik einfach immer wieder betet: „Jesus, laß ihn nicht sterben. Ich habe Angst. Hilf mir!" – dann steht sie bei jeder Bitte echt dahinter. Dann bringt jede Bitte noch intensiver das zum Ausdruck, was sie innerlich bewegt. Dann wird die Wiederholung nicht langweilig, dann vertieft sie.
Wir können hier von den kleinen Kindern lernen. Sie möchten eine Geschichte, die ihnen gefällt, immer wieder hören. Sie finden sich selbst in der Geschichte wieder. Ihre Ängste und Freuden spiegeln sich jedesmal darin.

8. These:

Die Wiederholung, mit der ich mich zu identifizieren versuche, vertieft, bereichert, beschenkt.

Ulrike erzählte mir einmal, daß sie im Evangelium den Satz gelesen habe: „Ihr seid das Licht der Welt!" Sie habe sich dann immer wieder diesen Satz gesagt: „Ich bin das Licht der Welt." Zuerst habe das nichts hergegeben. Aber dann sei ihr beim Sprechen dieses Satzes auf einmal etwas eingefallen und dann immer mehr. Zum Beispiel: „Das stimmt ja gar nicht. Ich Licht der Welt? Durch mich wird es nicht heller in der Welt." Und: „Herr, mach doch, daß ich Licht der Welt bin. Daß da, wo ich bin, die Welt ein wenig heller und freundlicher wird.“ Oder: „Gestern abend zu Hause hat der Satz doch ein wenig gestimmt. Ich hatte Krach mit meiner Mutter, aber gestern habe ich mit ihr gesprochen, und es war richtig prima. Herr, ich danke dir, daß ich Licht der Welt war.“

8. Der Pantoffel und Jimmy Hendrix

Vom Wert der Hilfsmittel

Als ich aus Anlaß einer „Woche junger Arbeitnehmer“ in einem Gottesdienst gepredigt hatte, kam nachher auf dem Kirchplatz ein Mädchen zu mir und erzählte strahlend: „Herr Kaplan, ich habe das Bild von Ihnen immer noch an der Wand hängen!“ Ich muß wohl wenig intelligent dreingeschaut haben, denn das Mädchen erklärte weiter: „Wissen Sie nicht mehr? Sie haben das doch auf der Rückseite unterschrieben.“ Die Sache wurde mir immer undurchsichtiger. Ich hatte doch keine Fotos verteilt, und dazu noch mit Autogramm versehen. Als ich noch immer nicht begriff, sah das Mädchen schon etwas enttäuscht aus. „Denken Sie doch an voriges Jahr in R. Da haben Sie Exerzitien gehalten, und zum Schluß haben Sie uns eine Postkarte, ein Christusbild, geschenkt.“ Mir wurde alles klar. Und sie erzählte dann weiter: „Ich habe gleich am Abend, als ich nach Hause kam, das Bild in meinem Schlafzimmer aufgehängt. Und ich hatte mir vorgenommen: Jeden Abend, wenn ich in mein Zimmer komme, dann will ich mir wenigstens fünf Minuten Zeit nehmen zum Beten.“ Im weiteren Verlauf des Gespräches erfuhr ich dann, daß sie fast

jeden Abend gebetet hatte. Das Bild hatte sie immer wieder daran erinnert.
Rainer hatte sich vorgenommen, jeden Abend in der Bibel zu lesen. Wenn er morgens sein Bett gemacht hatte, legte er das Neue Testament auf das Kopfkissen. Seine Mutter hatte er informiert, damit sie in ihrem Ordnungssinn das Buch nicht gleich wieder ins Bücherregal stellte. „Ich war vom Betrieb aus acht Wochen in München auf Montage", erzählte Rainer. „Das war eine schlechte Zeit. Ich bin nur an drei Sonntagen in die Messe gekommen. Und auch sonst habe ich wenig an Gott gedacht. Wir haben uns da ziemlich viel herumgetrieben. Na ja, jedenfalls, als ich wieder nach Hause kam, lag abends wieder das Neue Testament auf meinem Kopfkissen. Zuerst wollte ich es weglegen, ohne hineinzuschauen. Aber dann habe ich mich doch auf die Bettkante gehockt und gelesen. Ich weiß noch genau, welche Stelle es war. Da habe ich wieder neu angefangen."
Klemens berichtet von einer etwas sportlicheren Version. Damit er das Gebet am Morgen nicht vergißt, schiebt er am Abend einen Pantoffel so weit unter das Bett, daß er sich am Morgen bücken muß, um ihn wieder „an Land zu ziehen". Ich habe den Bericht nicht von Klemens selbst gehört, sondern von einem Mädchen, dem Klemens diese Methode erzählte und das sie – wie es sagte – mit Erfolg praktizierte.
Natürlich sind diese „Tricks" nur Hilfsmittel. Voraussetzung ist schon, daß ich ehrlich beten w i l l. Es hilft mir nicht, wenn ich das Bild irgendeines Mädchens in meinem Zimmer aufhänge. Dadurch verliebe ich mich nicht in sie. Wenn ich aber ein Mädchen mag und hänge dann sein Bild in mein Zimmer oder stecke es in den Bildrahmen der Brieftasche, dann erinnert mich das Bild. Dann kann dadurch meine Zuneigung zur Freundin lebendiger werden.

Die 15jährige Anita besuchte mich und klagte, daß sie so wenig an Gott denken würde. „Ich will das ja wohl, aber Jimmy Hendrix ist für mich viel interessanter als Jesus. Bei der Mode und bei den Schlagern, da gibt's wenigstens was Neues. In der Kirche ist ja doch immer alles dasselbe." Ich fragte Anita, wie ihr die Bilder gefielen, die in meinem Zimmer hängen. Die Bilder von Barlach gefielen ihr. Aber das große Bild, das den auferstandenen Jesus vom Isenheimer Altar darstellt, das war ihr zu altmodisch. Dann fragte ich Anita, welche Bilder sie in ihrem Zimmer hängen habe. Es waren Poster von Jimmy Hendrix und anderen Schlagerstars. Und welche Zeitschriften liest du? – Also, Bravo und Brigitte kaufe ich mir fast regelmäßig. – Ein Kofferradio hast du auch? – Ja, warum? – Soll ich mal raten, auf welchen Sender es eingestellt ist? Wette, Schachtel Zigaretten, daß ich das weiß? – Ich habe die Zigaretten gewonnen. Radio Luxemburg müßte Anita die Zigaretten ersetzen.
Ich brauchte Anita gar nicht viel zu erklären. Es ist doch klar: Wenn ich mich in Bild, Text und Ton nur mit Schlager und Mode umgebe, dann brauche ich mich nicht zu wundern, daß es mir so schwer fällt, an Jesus zu denken. Wenn ich, was Mode und Schlager betrifft, immer auf dem neuesten Stand bin – in Glaubensfragen nur alte Kamellen aus Kindergartenzeit und Schule herauskrame, dann ist klar, warum der Glaube langweilig erscheint. Kinderbilder und Poesiealbum aus dem 4. Schuljahr sind für 15jährige auch nicht mehr „in".
Ich würde mein Zimmer nun auch nicht nur mit Jesusbildern tapezieren. Aber nur Jimmy Hendrix ...?
In einem ähnlichen Gespräch fragte ich Monika, warum sie das – wie ich fand – überraschend große Kreuz an der Halskette trug. Sie war ganz überrascht von der Frage. Aber ich weiß, daß Monika sich jetzt

oft etwas dabei denkt, wenn sie sich das Kreuz am Morgen umhängt. Und manches Mal am Tag hat sie gedacht: „Mensch, wie du dich jetzt verhalten hast, da müßtest du eigentlich dein Kreuz verstecken."
Maria hat in einem halben Jahr schon über hundert sogenannte Rosenkranz-Fingerringe verkauft. Das sind modisch schicke Fingerringe, deren „Schmuck" aus einem Kreuz und zehn kleinen Querstrichen besteht. Ich fragte Maria, warum sie die verkauft hat. Maria: „Weil die Leute die haben wollen." – „Aber Cognac wollen doch viele auch haben, und den verkaufst du meines Wissens nicht?" – „Also, das kam so: Ich habe den Ring in einer Verkaufsausstellung gesehen und ihn gekauft, weil ich ihn schick fand. Vom Rosenkranz hielt ich damals überhaupt nichts. Eines Tages mußte ich nach Hause, weil mein Vater sehr krank war, und ich fuhr im Auto die lange Strecke nach Haus. Unterwegs sah ich den Ring an meinem Finger, und da habe ich angefangen, den Rosenkranz zu beten. Und seit der Zeit tue ich das irgendwie gern. Ja, dann fragten mich andere Mädchen nach dem Ring, der ihnen auch gefiel. Und ich habe ihnen erklärt, was das für ein Ring ist. Ich war richtig erstaunt, daß sie ihn dann noch kauften. Aber viele erzählten mir, daß sie jetzt auch damit beten. Und sie wollten für ihre Bekannten auch solche Ringe haben, und jetzt fragen wir uns manchmal, wenn wir uns treffen: Wie klappt es mit deinem Ring? Und dann unterhalten wir uns über das Beten. Aber auch sonst. Sie glauben gar nicht, was sich schon für Gespräche daraus ergeben haben, daß andere solch einen frommen Ring an meiner Hand sehen."
Paul hat in seinem Büro ein kleines Bronzekreuz auf seinem Schreibtisch liegen. Martha, die viel mit dem Auto unterwegs ist, steckt immer wieder eine religiöse Spruchkarte an das Armaturenbrett. Dadurch wird sie nicht nur selbst an Jesus erinnert. Es hat,

wie sie berichtet, schon viele interessante Gespräche mit Mitfahrern und Trampern gegeben.
„Wenn die bloß wegen so einer blöden Karte an Gott denkt!" sagte mir jemand, dem ich dieses Beispiel erzählte. „Wenn der Freund bloß des dämlichen Fotos wegen an seine Freundin denkt!" – Selbstverständlich, das wäre in beiden Fällen schlecht. Aber darum geht es doch gar nicht. Das äußere Zeichen, ob Bild, Pantoffel oder Fingerring, soll helfen, daß ich unter der dauernden Flut der äußeren Eindrücke das nicht vergesse, was mir ein ehrliches Anliegen ist.

9. These:

„Äußere Zeichen" sind eine echt menschliche Weise der Erinnerung. Darum sollte ich dieses Mittel auch einsetzen, um mich immer wieder neu an Jesus zu erinnern. Damit diese Zeichen ihre Wirkung nicht verlieren, empfiehlt es sich, sie von Zeit zu Zeit zu wechseln.

9. Das „unandächtige" Beten

Beten mit Leib und Seele

Eine wichtige Erkenntnis, welche die moderne Lehre vom Menschen (Anthropologie) uns wieder bewußt gemacht hat: „Der Mensch besteht nicht nur aus dem Kopf." Sicher, das Denken zeichnet den Menschen vor den Tieren aus. Aber nicht allein das Denken ist menschlich. Denken ohne Leib geht nicht. Der Leib gehört genauso wesentlich zum Menschen wie der Geist. Und der ganze Mensch soll beten!

1. „Unandächtig“

Was heißt „unandächtig“? Es heißt doch: „Ich dachte nicht an ...“ „Unandächtig beten“ hieße demnach: Mein Denken war nicht ganz beim Beten dabei.
Wenn ich ehrlich und intensiv beten will, gehört sicher auch das Denken dazu. Aber – eben nicht n u r das Denken.
Ich hatte bei einer Schulung Ulla kennengelernt und ein ganz tolles Gespräch mit ihr geführt über Jesus und unser Verhältnis zu ihm. Monate später schrieb mir Ulla: „Ich habe in den ersten Monaten nach dem Gespräch mit Ihnen gemerkt, wie froh man durch das Beten wird. Ich kann Ihnen gar nicht beschreiben, wie dufte das war. Aber jetzt ist seit sechs Wochen meine Mutter im Krankenhaus. Neben meiner Arbeit und der Abendschule muß ich auch noch den Haushalt führen. Und ich habe drei kleine Geschwister. Eine Nachbarin hilft wohl, aber es bleibt immer noch schrecklich viel zu tun. Und dann wird es abends spät. Und wenn ich dann noch beten will, bin ich hundemüde. Jetzt mache ich das einfach so und wollte Sie mal fragen, ob das richtig ist: Am letzten Sonnabend war ich bei meinem Freund. Aber ich war so müde, daß ich es nicht schaffte, mich richtig mit ihm zu unterhalten. Wir haben nur bei ihm zu Haus gesessen. Ich konnte mich einfach nicht konzentrieren. Das hat mich so geärgert, daß ich auf einmal richtig geheult habe. Aber da sagte mein Freund: ‚Das ist doch gar nicht schlimm. Ich freue mich ja, wenn du hier bist.‘ Natürlich war das mit dem Beten abends auch wieder nichts. Aber da fiel mir auf einmal ein: Wenn mein Freund sagt: ‚Ich freue mich ja, wenn du hier bist‘ – ob Jesus das nicht auch sagen würde? Da habe ich mich einfach hingesetzt und fünf Minuten auf das Kreuz geschaut und gesagt: ‚Jesus, ich bin hier. Mehr schaffe ich nicht.‘ Und ich

meine immer, er würde mir sagen: ‚Ich freue mich, daß du hier bist. Ich finde das richtig prima so.‘ Aber manchmal meine ich auch, das könnte meine Faulheit sein, daß ich mir solch einen Weg suche . . .“
Ich habe Ulla geschrieben, daß ich, wenn sie es gestatten würde, ihr Beispiel oft erzählen würde, weil ich es so ausgezeichnet fände. Sicher war Ulla bei ihrem Freund und beim Gebet „unandächtig“, und doch war beides ganz sicher sehr gut.

10. These:

Auch eine „bloß körperliche Anwesenheit“, verbunden mit dem „guten Willen“, kann gutes und echtes Gebet sein.

2. „Mit den Füßen beten“

Eine andere Weise „unandächtigen“ und doch guten Betens ist die Wallfahrt. Hier wird „mit den Füßen gebetet“. Ich habe einmal an einer Nachtwallfahrt nach Kevelaer teilgenommen. 42 km waren zu gehen. Zu Beginn haben wir Stationen gemacht und kurze Schriftstellen besprochen, über die wir dann beim Weitergehen nachdenken wollten. Auf den letzten 10 km war dazu niemand mehr in der Lage. Da bestand das Beten einfach darin, weiter zu gehen und, obwohl die Füße weh taten, nicht ins Auto zu steigen, das für die echt Fußkranken hinterher fuhr.
Aus dieser Erfahrung meine ich:

11. These:

Es gibt auch ein Beten, das vorwiegend den Körper beansprucht.

Aus dieser Erkenntnis heraus sollten wir uns fragen, ob wir nicht auch beim täglichen Gebet eine Körper-

haltung einnehmen sollten, die Achtung und Vertrauen unserem Gesprächspartner gegenüber zum Ausdruck bringt.
Natürlich kann man sich auch ins Bett legen und beten. Aber die Frage ist, ob es dem Gebet — der Tatsache also, daß ich mit meinem Herrn und Gott spreche — nicht m e h r entspricht, wenn ich knie oder stehe.
In letzter Zeit stelle ich fest, daß Jugendliche in der Kirche kaum noch knien. Sobald sie in die Kirche kommen, setzen sie sich. Manche sagen: „Jesus ist doch mein Bruder und Freund. Warum soll ich mich denn da hinknien, wenn ich mit ihm spreche.“ Wenn das der ehrliche Grund ist — und nicht die Bequemlichkeit –, würde ich das zunächst akzeptieren. Ich glaube nämlich, daß dem Betenden dann irgendwann auch aufgeht, daß Jesus auch der Herr ist, der unvergleichlich große Gott.

3. „Gegen sich selbst anbeten“

Wenn man mancher Klage über „unandächtiges Beten“ nachgeht, kommt auch oft folgendes dabei heraus: Da feiert jemand die hl. Messe mit, und plötzlich fällt ihm ein, daß er am Nachmittag die Mutter mit dem Auto zum Nachbarort bringen soll. „Ach ja, die Mutter hat es schon schwer in letzter Zeit. Der Vater ist tot, sie ist viel allein ...“ Und so gehen seine Gedanken spazieren, bis es ihm bewußt wird. Da pfeift er sich innerlich zurück, versucht, die Mutter und ihre Sorgen zu vergessen und die hl. Messe mitzufeiern. Er will sich auf die Texte konzentrieren. Er will andächtig sein.
Ob es nicht besser wäre, wenn er „unandächtig“ wäre und die Sorgen seiner Mutter einfach mit ins Gebet hineinnähme?
Wir sollen doch nicht „gegen uns selbst anbeten“.

Was uns bewegt, sollten wir in das Gebet hineinnehmen. Natürlich gibt es auch Fragen, die sich für den Raum des Gebetes nicht so sehr eignen. Aber selbst dann: Wenn einem Fußballfan in der Samstagabendmesse die Ergebnisse der Bundesliga im Kopf herumschwirren, dann sollte er sich nicht sagen: „Daran will ich jetzt nicht denken!" Vielleicht, daß er für die vielen tausend Fußballfans betet, denen der Fußball zu genügen scheint, die über Glauben und Gott nicht nachdenken.
Oder der Typ, der sich ein Auto kaufen will und sich in der Stille nach der hl. Kommunion dabei entdeckt, daß er rechnet, ob es im nächsten Monat drinsitzt — er sollte sich nicht sagen: „Daran will ich jetzt nicht denken!" Vielleicht, daß er darum betet, mit seinem Auto niemand zu verletzen oder darum, daß er es nicht egoistisch gebraucht, sondern auch, um anderen zu helfen.
Mir persönlich sind beim Gebet schon viele gute Gedanken gekommen, die unmittelbar mit dem Gebet nichts zu tun hatten. Manchmal habe ich sie mir schnell aufgeschrieben, um sie nicht zu vergessen. Und dann habe ich im Gebet Jesus um seine Hilfe für diese Pläne gebeten.

12. These:

Wir sollen beim Gebet nicht „gegen uns selbst anbeten", sondern die Gedanken, die uns kommen, aufgreifen und für das Gebet nutzbar machen.

10. „Äußerlicher Firlefanz“

Von der Einheit des Menschen

Wie lernt der kleine Markus beten? Wahrscheinlich doch so: Er sitzt auf dem Schoß der Mutter. Sie faltet ihm die kleinen Hände. Für Markus ist das noch ein Geheimnis, wie die „Großen“ das schaffen, daß es mit den Fingern so auskommt, wenn sie diese ineinanderlegen. Und auch das Kreuzzeichen, das er macht, geht noch „quer“. Alexa, seine Schwester, die schon zwei Jahre älter ist, kann dagegen schon „richtig“ die Hände falten und das Kreuzzeichen machen.
Jeder von uns, der von seinen Eltern zu beten gelernt hat, wird es zuerst auf diese „körperliche Weise“ gelernt haben.
Warum dieser „äußerliche Firlefanz“?
Wir sprachen schon im Kapitel 8 und 9 davon, daß der Leib in das Gebet mit einzubeziehen ist. Mir scheint das so wichtig zu sein, daß wir uns noch etwas ausführlicher damit beschäftigen.
Zunächst bin ich dagegen, körperliche Gesten sofort als „äußerlich“ abzutun. Wenn ein schwarzer Olympiasieger auf dem Podest des Medaillenempfängers nicht freundlich mit der Hand winkt, sondern die geballte Faust hochhebt, dann wissen alle Fernsehzuschauer rund um den Erdball, was das zu bedeuten hat. Und wenn ein anderer Rekordsportler vor dem entscheidenden Spiel ein Kreuzzeichen macht, dann weiß ebenfalls jeder Zuschauer, was das heißt. Ob sich der schwarze Olympiasieger aus den USA bis an sein Lebensende überzeugt für die Black-Power-Bewegung einsetzt und ob der italienische Sprinter und der polnische Springer bis an ihr Lebensende überzeugte Katholiken sein werden? Aber das weiß

ich auch nicht, wenn sie eine tiefschürfende Rede gehalten hätten.
Eine Geste, ein äußerlich sichtbares Zeichen kann genauso äußerlich sein wie eine hohle Phrase. Sie kann aber auch genauso überzeugt sein wie ein ehrlich gemeintes Wort.
Ein Geschäftsmann bekommt Besuch von einem Kunden, der ihn früher sehr geärgert hat. Aber jetzt hofft er, ein gutes Geschäft mit ihm machen zu können. Was tut er? Er gibt seinem Kunden die Hand und sagt „Guten Tag". In Wirklichkeit wünscht er aber dem Kunden keinen guten Tag. In Wirklichkeit will er gar nicht so mit ihm verbunden sein, wie es der Händedruck eigentlich ausdrückt.
Dagegen verabschiedet sich Paul von seiner Pauline. Sie umarmen sich noch einmal und sagen „Auf Wiedersehen!" Sie möchten sich wirklich bald wiedersehen. Und ihre Umarmung zeigt, daß sie wirklich zueinander gehören wollen.
Warum haben wir heute so wenig Sinn für Gesten, Zeichen und Symbole? Warum tun wir sie so schnell als „äußerlich" ab?
Ich hatte einmal in einer Gemeinde einen Jugendgottesdienst zu halten. Ich bereitete mich in der Sakristei vor und legte die liturgischen Gewänder an. Eine junge Seelsorgshelferin hatte den Gottesdienst vorbereitet. Sie gab sich sehr modern und fortschrittlich. An ihrem Ring (welche Äußerlichkeit!) sah ich, daß sie verheiratet war. Während ich mich ankleidete, fragte sie, ob ich Karneval feiern wollte, weil ich mich so verkleiden würde. Ich habe sie daraufhin gefragt, ob sie im Badeanzug geheiratet habe.
Ich denke, gerade das Meßgewand ist ein leicht verständliches liturgisches Symbol. Bei der heiligen Messe geht es ja nicht darum, daß Herr Meier oder Herr Schulz sie feiert, sondern daß ein Priester sie feiert. Der einzelne tritt hier hinter seiner Aufgabe

zurück. Wird das nicht durch die liturgischen Gewänder sehr tief gezeigt? Ob die Gewänder nun genau so sein müssen, wie sie jetzt sind, will ich damit nicht sagen.
Unser mangelndes Verständnis für Zeichen und Symbole kann darin begründet sein, daß wir normalerweise die Dinge technisch betrachten. Wenn wir im Fernsehen miterleben, wie Menschen den Mond betreten, dann haben wir zum Mond ganz von selbst eine andere Einstellung als unsere Großeltern. Wenn wir heute fast in jedem Zimmer fließendes Wasser haben, dann haben wir zum Wasser ein anderes Verhältnis als unsere Vorfahren, die es vom Dorfbrunnen holen mußten. Und zu der Zeit, als Feuerzeug und Streichholz noch nicht erfunden waren, hatten die Menschen sicher eine andere Einstellung zum Feuer als wir heute. Es war alles geheimnisvoller, vieldeutiger. Das hatte allerdings auch die Gefahr, daß Feuer, Wasser oder Sonne zum Götzen wurden. Wenn wir uns heute Zeit nähmen, Zeichen, Gesten und Symbole zu bedenken, darüber nachzusinnen – dann wären wir unseren Vorfahren gegenüber sehr im Vorteil. Wenn wir uns diese Zeit nicht nehmen, können wir schnell zu reinen Robotern werden.
Noch zwei Beispiele, die zeigen, wie sehr Äußeres und Inneres im Menschen eine Einheit bilden.
Die Graphologie (Lehre von der Schrift) ist eine Spezialwissenschaft der Psychologie. Man hat entdeckt, daß zwischen der Art, wie ein Mensch schreibt, und seinem Charakter, seinem ganzen Wesen ein enger Zusammenhang besteht. Ein Fachmann der Graphologie kann aus der Handschrift eines Menschen mit einiger Sicherheit dessen Charaktereigenschaft bestimmen. Die Hand ist also gar nicht so „äußerlich".
In den USA hat man ein schreckliches Gerät entwikkelt, den sogenannten Lügendetektor. Ich hoffe sehr, daß es stimmt, daß die Anwendung dieses Gerätes

inzwischen im Wirtschaftsbereich verboten ist. Die Versuchsperson (bzw. der Arbeitnehmer, der sich bei einer Firma beworben hat) wird auf einen Stuhl gesetzt. Handfläche, Achselhöhle, Kniekehle und Fußsohle werden mit einem Kontakt versehen, der präzise die Feuchtigkeitsausscheidung der Haut an den genannten Stellen registriert. Im Experiment hat man festgestellt, daß die Feuchtigkeitsausscheidung dann größer ist, wenn die Versuchsperson nicht oder nicht ganz die Wahrheit sagt. Die Person wird in dem Fall ein wenig oder auch sehr viel aufgeregter. Und diese innere Spannung spiegelt sich wider in der Intensität des Schwitzens.

Daß man bei Prüfungen leicht ins Schwitzen gerät, hat jeder schon bei sich festgestellt. Oder auch dieses: Wenn man „höher"gestellte Personen begrüßt, hat man bisweilen das Bedürfnis, vor dem Handschlag die eigene Hand abzutrocknen, weil die Handfläche so feucht geworden ist. Aus diesen Erfahrungen heraus hat man den Lügendetektor entwickelt.

11. Die „Jugend von heute" und das Gebet

Zeugnisse des Betens

Im Sacro-Pop-Musical „Menschensohn" werden im ersten Teil sechs Typen moderner Jugendlicher in verschiedenen Songs vorgestellt. Diese Typen sind nicht zufällig oder erfunden. Über tausend Jugendliche haben bei der Erstellung des Musicals mitgearbeitet. Ihre Zuschriften wurden ausgewertet, und dabei entstand die Skala dieser sechs Typen.

1. Typ: Die Rocker

„Hey, Buddy, schmeiß die Riemen auf die Orgel!
Los, wir dreh'n 'ne Runde auf em Feuerstuhl.
Komm, gib Gas, zisch ab, laß knacken.
Hey Buddy, hey Buddy, zeig, was deine Honda bringt."

Das ist die erste Strophe des Rockersongs. Und zum Schluß heißt es:

„Mann, die Leute soll'n uns am Hobel blasen.
Was die quatschen, interessiert uns 'nen Dreck."

Sie haben nicht viel Interesse, die Rocker. Sie leben in ihrer Clique, gehen zur Arbeit, meistens jedenfalls, weil es sich nicht vermeiden läßt. Sie leben ihr Hobby, ihr Rockerleben. Sie schlagen zu, wenn ihnen etwas nicht paßt.

Werden sie beten? Man rechnet eigentlich kaum damit.

Warum?

2. Typ: Flippy, der Gammler

Er singt:

„Ich steig aus.
Ich hab die Schnauze voll.
Ohne mich.
Weißt du denn, was das soll?
Der ganze Laden stinkt.
's bleibt alles, wie es ist.
Kannst ja doch nichts machen.
's bleibt alles, wie es ist."

Flippy hat resigniert. Wenn er nicht aus modischen Allüren heraus resigniert, dann hat er wirklich versucht, sich einzusetzen, um Menschen und Zustände zu ändern. Aber: „Kannst ja doch nichts machen, 's bleibt alles, wie es ist."

Wird Flippy beten? Man rechnet eigentlich kaum damit.

Warum?

3. Typ: Vorner, der „Leister“

Der Chef hat entdeckt, daß Vorner „was werden könnte“. Er ist „jung und dynamisch, der gemachte Mann“. Und Vorner besucht Schulen und Abendkurse, er „wird etwas, kriegt ’nen Schreibtisch und ein Telefon und ’ne Tipse, die stenographieren kann“. Aber diesen Aufstieg in der Firma muß er mit totalem Einsatz bezahlen:
„Da läuft er nun auf seiner Laufbahn
und läuft und läuft und läuft und läuft sich krumm,
den Buckel nach oben und nach unten treten
und keine Zeit für die Frage: Warum?“
Wird Vorner beten? Man rechnet eigentlich kaum damit.
Warum?

4. Typ: Die Ausgebeutete

„Ich bin so müde. Es ist so viel zu tun. Immer das gleiche!“
Sie ist der Maschinerie der Industriegesellschaft hilflos ausgeliefert. Sie kennt sich nicht aus in den vielen Rechten, die sie – laut Aussagen der Gewerkschaft – schon haben soll. Sie hat keine Initiative, von sich aus etwas zu unternehmen. Sie hat keine Freude an der Arbeit. „Ich habe keine Lust, aber ich muß!“ So hat sie nur einen Wunsch: „Nach Hause! Nur weg von hier!“
Wird sie beten? Man rechnet eigentlich nicht damit.
Warum?

5. Typ: Theo, der Bürgerliche

Theo hat festgestellt, daß alle, die sich engagieren, ganz gleich ob in Sport, Politik oder Kirche, auch eine Menge investieren müssen. Sein Entschluß: „Theo, habe ich mir gesagt, laß die Finger davon!“
Sein Ideal: Ein bißchen Schützenfest feiern, Karten

spielen und: „Fernsehen kucken und 'ne Pulle Bier, sowat lob ich mir!"
Wird Theo beten? Vielleicht geht er sonntags zur Kirche. Seine Kinder wird er demnächst sicher zum Religionsunterricht schicken. Aber wird er selber ehrlich beten? Man rechnet eigentlich kaum damit.
Warum?

6. Typ: Mona, die Suchende

Mona fühlte sich allein und verlassen. Früher einmal war sie in einer Gesellschaft von Gleichgesinnten. „Und wir waren sicher, dich zu finden, dich, den wir Gott nannten." Aber: Die Freunde sind umgestiegen. Und Mona sucht allein ihren Weg. Oft ist sie müde, manchmal richtig fertig und verzweifelt. Aber sie kann einfach nicht glauben, daß alles sinnlos ist. Es muß doch ein Ziel geben, einen Gott geben, „einen Gott der Menschen".
Wird Mona beten? Wenn ja, wie wird sie beten?
Warum?

Wir haben hier zu jedem Typ (den es in Wirklichkeit nicht in „Reinkultur" gibt) die Frage gestellt: Wird er beten? Vielleicht müßte man auch fragen: Ist er glücklich? Mancher wird vielleicht sagen, er sei zufrieden. Theo zum Beispiel. Aber glücklich? Wirklich froh? Und das müßte doch das Ziel sein, daß der Mensch wirklich glücklich, innerlich ausgefüllt, frei und froh ist.

Unser Glaube verheißt uns dieses Glück für die Zukunft, die wir Himmel nennen. Aber nicht nur für die Zukunft! Das scheint mir doch die eigentliche Chance des Christentums zu sein, daß wir schon jetzt glücklich und frei werden können. Natürlich ist dieses Glück noch kein Dauerzustand wie im Himmel. Oft wird es wieder dunkel und leer in uns. Das Licht der Freude scheint auszubrennen. Aber auch da, nein, gerade da, in Dunkelheit, Unsicherheit und Zweifel bringt der

gelebte Glaube Licht. Nicht nur himmlische Verheißung für eine spätere Zukunft! Jetzt! Heute!
Im folgenden Berichte von Jugendlichen von heute. Ich kenne sie mit Namen. Der eine hat etwas Ähnlichkeit mit Theo, dem Bürgerlichen. Der andere lebt fast wie ein Rocker. Die eine ist leicht resigniert, die andere leidet an ihrer Arbeit. Sie sind alle „typische Jugendliche". Aber sie alle sagen, wo sie das Glück, ein Stück wenigstens, für kurze Zeit gefunden haben. Sie haben erlebt, was Jesus meint, wenn er sagt: „Ich bin gekommen, damit sie das Leben haben und es in überfließender Fülle haben" (Joh 10,10).
Aber vorher noch eine Frage: Warum traut man eigentlich einem modernen Jugendlichen zunächst nicht zu, daß er betet? Meine Aufgabe als Kaplan für die arbeitende Jugend in einer großen Diözese bringt es mit sich, daß ich oft Einkehrtage, Exerzitien und Schulungen gestalte. Und fast jedesmal höre ich von Erwachsenen, die mehr oder weniger zufällig von diesen Tagen etwas mitbekommen, die erstaunte Frage: „Nein, daß Jugendliche heute so beten... Also, so schlimm, wie man es immer hört, scheint es doch nicht zu sein ... Dann hat der Glaube ja doch noch Zukunft, wenn man diese jungen Leute erlebt ..."
Ich höre solche „frommen Jauchzer" eigentlich nicht gern. Was steht denn dahinter? Ist es nicht ein tiefes Mißtrauen gegenüber der Jugend?

13. These:

Viele moderne Jugendliche erleben und erfahren im Gebet, daß es sich lohnt zu beten.

Natürlich kann man nicht erwarten, daß jeder von selbst zu beten lernt. Kein Mensch lernt von selber sprechen oder laufen. Keiner lernt von selbst beten.

Ein typisches Beispiel: An einem Exerzitienkurs (man könnte ihn auch einen „Kurs zum Nachdenken und Betenlernen“ nennen) nahmen sechs Mädchen teil, die alle in einem Krankenhaus in R. arbeiten. Die zuständige Schwester dort hatte ihnen gesagt, der Kurs sei so eine Art Jugendwoche. Anschließend schrieben die Mädchen: „Wir waren in der Meinung nach Münster gefahren, dort eine Art Jugendwoche mitzumachen. Wir hatten uns gedacht, abends in eine Diskothek gehen zu können. Und dann kamen Sie gleich am ersten Abend und erzählten was von Stille und Schweigen. Wir waren richtig wütend. Am nächsten Tag in der Mittagspause trafen wir uns und wollten wieder nach Hause fahren. Da sagte eine: ‚Jetzt sind wir einmal hier. Jetzt können wir den Quatsch mit der Meditation ja auch mal ausprobieren.’ Wir sagten dann: ‚Der Kaplan kann ja auch nichts dafür, daß man uns falsch informiert hat. Wir können es ja mal ausprobieren.‘ Und das war unser Glück. Wir müssen nämlich sagen, es war ganz prima. Wir haben die Meditationsübung inzwischen auch schon wieder ein paarmal ausprobiert. Es ist große Klasse.“
Ich habe in den vergangenen Jahren über solche Kurse, die in unserem Bistum gehalten wurden, Hunderte solcher Berichte mündlich und schriftlich erhalten. Ich schreibe das deshalb, liebe Leserin, lieber Leser, damit du nicht den Eindruck hast, mit deinem Bemühen um das Beten allein zu stehen. Natürlich weiß ich auch, daß neben diesen Tausenden von Jugendlichen, die Jesus gefunden haben, Hunderttausende stehen, die immer noch meinen, beten sei altmodisch oder langweilig.
Aber ich bin ziemlich sicher: Bei den meisten liegt es vor allem daran, daß sie nie richtig auf das Beten hin angesprochen wurden. Sie brauchen Freundinnen und Freunde, die ihnen sagen: Ich habe gemerkt, daß das Beten sich lohnt.

Lies die folgenden Berichte. Vielleicht kannst du dann verstehen, daß ich so gerne Priester bin. Ich habe gemerkt: Wenn man Jesus zu den Menschen bringt, werden die Menschen frei und glücklich.

„Bei Einkehrtagen hatte ich das Gefühl, daß das Beten mich froh und frei gemacht hat. Dieses Gefühl war nach einigen Wochen nach diesen Besinnungstagen weggeschmolzen. Bis jetzt habe ich noch nie gespürt, daß das Beten ohne Anleitung oder Hilfestellung eines Priesters mich frei gemacht hat, obwohl ich mich darum bemüht habe. Oft hatte ich den Eindruck, nur eine Pflichtübung hinter mich gebracht zu haben."

„Mein Freund und meine Freundin hatten mich innerhalb einer kurzen Zeitspanne verlassen. Der Kontakt zu meinem Elternhaus war so gut wie abgebrochen. Sicherlich trug ich an diesen Ereignissen einen Teil der Schuld. Durch das Gebet ist mir vieles, was ich falsch gemacht hatte, zum Bewußtsein gekommen. Ich versuchte, mit den anderen wieder Kontakt aufzunehmen. Mit meiner Freundin ist alles wieder okay, mit meinem Ex-Freund stehe ich in guter kameradschaftlicher Beziehung. Auch im Elternhaus hat sich einiges gebessert. Durch die Gemeinschaft mit Gott habe ich die Gemeinschaft der anderen wiedergefunden."

„Bin ich nervös, durcheinander, nahe vor dem Durchdrehen, dann versuche ich die Augen zu schließen, meinen Standpunkt zu erkennen, zu erfahren, was eigentlich los ist, warum ich nervös bin. Ich setze dieses Wiedererkennen mit einem Gebet gleich. Hier versuche ich nämlich, bei Gott einen Halt zu bekommen."

„Bei einem intensiven Gespräch mit Gott glaube ich fest daran, daß er mir hilft. Ich weiß ganz genau, daß ich immer zu ihm kommen kann, daß er immer für mich da ist. Habe ich Probleme, die mir sehr schwer vorkommen, dann bete ich. Es gibt mir innerlich Erleichterung, wenn ich weiß: Da ist jemand, der hört mich; der versteht mich. Und ich bekomme mehr Übersicht über die Sache, und es fällt mir einfacher, sie zu lösen. Es gab mal einen Zeitraum, da habe ich mit dem täglichen Gebet so geschlampt, und es fiel mir richtig schwer, wieder mit Jesus zu sprechen, als wenn er vor mir säße. Ich brauche das tägliche Gebet, um richtig froh zu sein und um zu wissen, daß die Menschen, die mir nahestehen, in guten Händen sind.“

„Müde, abgespannt, komme ich von der Arbeit nach Hause. Der Tag war anstrengend. Ich überlege, wie vielen jungen Menschen es heute genauso erging wie mir. Es ist mir zumute, als sei alles sinnlos. Noch sind die Gedanken bei dem, was alles nicht fertig wurde und morgen in gleicher Weise auf mich zukommt. Ich möchte aussteigen und das Rad, das sich immer dreht, einhalten. Ich versuche ein Buch zu lesen, um nicht mehr an alles denken zu müssen. Irgendwann fällt mein Blick auf eine Bildmeditation, die auf meinem Tisch steht. Ich beginne, mich mit den Bildern auseinanderzusetzen. Später habe ich dann folgendes in mein Notizbuch geschrieben: ‚Herr, so nicht! Es ist furchtbar, daß so viele Menschen eine Arbeit tun müssen, die sie nicht erfüllen kann. Wie viele Menschen werden zu Maschinen. Herr, laß es nicht zu, daß unsere Welt so unmenschlich wird. Ich kann es nicht ertragen. Diese Not der Menschen, die so getrieben werden, die selbst zur Maschine werden.‘ – Aus diesem Gebet kam für mich die Erkenntnis, daß ich mich weiter und intensiver in der CAJ einsetzen muß, damit wir den berufstätigen Jugendlichen helfen. Und ich habe gespürt, daß es sich lohnt zu helfen, weil Gott ja auf unserer Seite steht.“

„Wenn ich Gott mein Problem anvertraut habe, dann

werde ich innerlich viel ruhiger. Dann ist nämlich jemand da, der mich versteht, dem ich alles anvertrauen kann. Er setzt mir nicht eine Lösung vor die Nase. Aber ich finde mein inneres Gleichgewicht wieder."

„In der ersten Arbeitsgemeinschaft der CAJ, an der ich teilnahm, hatten wir ein persönliches Gespräch über das Verhältnis jedes einzelnen zu Gott. Auf dem Tisch brannte eine Kerze. Es kam bei dem Gespräch heraus, daß wir meist zu wenig oder zu oberflächlich beten. Ich persönlich kann sagen, daß ich bis zu dem Zeitpunkt kaum gebetet hatte. Wir nahmen uns vor, einmal zu versuchen, öfter und intensiver zu beten. Ich glaube, ich habe noch nie ein so intensives und auch von Herzen kommendes Gebet gesprochen wie an diesem Abend. Das Ergebnis war, daß mir als mehr oder weniger ‚gottlosem' Menschen zum erstenmal mein vorheriges Leben im Verhältnis zu Gott bewußt geworden ist. Ich bete jetzt mehr und wohl auch besser. Dadurch hat sich mein gesamtes Leben positiv geändert."

„Ein Mädchen kam zu mir mit der Frage nach Gott. Sie glaubte nicht. Ja, wie sollte ich ihr helfen? Im ersten Gespräch klappte es nicht. Da betete ich, Jesus möge mir helfen. Beim nächsten Gespräch fand ich ganz plötzlich Beispiele, an die ich nie gedacht hatte, worin sich aber zeigte, daß Gott bei uns ist. Es passierte auch öfter, wenn ich richtig sauer war, daß ich betete und plötzlich wieder froh wurde. Froh, weil ich merkte, daß Gott mich liebt und mich mit meinen Fehlern annimmt. Ich habe dann auch die Fehler der anderen anzunehmen. Dann würde ich am liebsten allen Menschen sagen: Werdet wach! Gott liebt euch! Darin steckt so viel Freude."

„Gegen einen anderen Jugendlichen hatte ich unheimliche Vorurteile. Eigentlich weiß ich gar nicht warum.

Das ging so nicht weiter. Im Gebet merkte ich, daß sich das nicht mit unserem Glauben verbinden läßt. Da wir uns bei der Jugendarbeit oft treffen, bemühte ich mich, diese Vorurteile abzubauen. Immer wieder bat ich Gott, mir zu helfen. Irgendwie schaffte ich es allein nicht. Daß es jetzt geklappt hat, führe ich auf diese intensiven Gebete zurück, in denen ich alle Situationen noch einmal überprüfte, meine Fehler einsah, aber auch merkte, daß ich sie vergessen mußte. Sonst hätte ich ja nie wieder anfangen können. Aber Gott liebte mich weiter, und daher fand ich neue Kraft. Es gibt auch oft Tage oder Stunden, wo ich nicht zu einem intensiven Gebet komme. Dann komm ich einfach in mir selbst nicht zur Ruhe. Aber das Gebet macht mich glücklich, weil darin immer wieder zu spüren ist, wieviel Gott uns gibt."

„Wenn ich richtig überlege, dann kann ich nicht sagen, wann ich in meinem Leben einmal richtig und intensiv gebetet habe. Ich schaffe es einfach nicht, mit Gott zu reden, weil ich viel zuviel abgelenkt werde und mich auch ablenken lasse. Oder die Zeit ist mir zu knapp. Ich nehme mir einfach keine Zeit, um mit Gott persönliche Gespräche zu führen. Oft dachte ich: Wieso soll ich denn beten? Mir geht es doch gut. Aber jetzt habe ich gemerkt: Wir müssen beten. Wir kommen nicht ohne das Gebet aus. Wir brauchen einfach jemand, mit dem wir uns unterhalten können, und das kann man am besten mit Gott. Ich habe jetzt unwahrscheinlich intensiv gebetet. Das war richtig gut. Man fühlt sich irgendwie wieder sicher. Darum werde ich jetzt auch öfter mit Gott ein persönliches Gespräch führen."

12. Von Heinrich, dem Sportler, und der Freiheit des Kanarienvogels

Die Notwendigkeit der Stille

Heinrich hat sich entschlossen, Sportler zu werden. Da das Fernsehen am meisten über den Fußball berichtet, beschließt Heinrich, Fußballer zu werden. Zu diesem Zweck meldet er sich beim Ersten Vorsitzenden seines örtlichen Vereins. Heinrich wird zum Trainingsabend bestellt. Er erscheint im neuen Sportdress, pünktlich, wie es sich gehört. Als das Training beginnt, geschieht etwas Überraschendes: Jedesmal, wenn der Ball in Heinrichs Nähe kommt, bückt er sich und packt ihn mit den Händen. Auf die überraschte Frage des Trainers bemerkt Heinrich, er könne den Ball mit den Händen viel besser halten...

Ein unsinniges Beispiel? Wenn jemand etwas Erfahrung im Gebet hat, dann weiß er, daß Gebet und Stille notwendig zusammengehören. Und wenn jemand beten will, ohne still zu sein, dann ist das vergleichbar mit einem Fußballspieler, der den Ball nur mit den Händen packen will.

Wenn jemand sagt: „Für mich ist Diskussion Gebet!", dann ist das genauso richtig oder falsch, als wenn jemand sagen würde: „Für mich ist Fußball Handball!" Natürlich gibt es bestimmte Beziehungen zwischen Handball und Fußball, zwischen Gebet und Diskussion. Aber es sind eben doch verschiedene Dinge.

Mit Gebet ist jetzt nicht das kurze Stoßgebet gemeint, das „Blitztelegramm", das man zwischendurch, bei Arbeit, Sport oder Feierabend kurz zu Gott hinaufschickt. Aber schon beim Tischgebet fängt es an. Wenn sich jemand über den Stand der Aktien oder die Wetteraussichten unterhält und dann, ohne jede Besinnung, ohne anzuhalten, einfach ein Tischgebet sagt,

dann kann das nicht viel mehr sein, als wenn er ein Tonbandgerät anstellen würde. „Es betet dann." Und das ist kein Gebet. Das ist genauso, als wenn man eine elektrische Birne in die Hand nimmt. Sie könnte eigentlich leuchten. Aber eben nur, wenn sie an das Stromnetz angeschlossen ist.
Eines der größten Hindernisse für unser Beten ist unsere Unfähigkeit zur Stille. Wenn jemand die Notwendigkeit der Stille erkennt, dann ist schon der halbe Weg getan.
In den letzten Jahren ist durch die Wiederentdeckung der Meditation vielen Menschen wieder klar geworden: Echtes, prägendes Gebet ist nur möglich, wenn ich zur Stille finde. Das sagen die asiatischen Gebetsregeln, das sagen die christlichen Gebetserfahrungen, das sagt auch die moderne Psychologie. Gebet ist nur möglich, wenn „ich" bete, nicht wenn „es" betet. Ich kann aber nur in der Stille zu mir selbst finden.
Im folgenden einige Erfahrungen von Jugendlichen, die an Exerzitien teilnahmen. In diesen Kursen wurde mit Nachdruck Wert auf die Stille gelegt.

„Ich habe mir lange überlegt, ob ich mitfahren soll in die Exerzitien. Das heißt, ich wollte eigentlich wohl, aber dann ist da die Prüfung, für die ich lernen muß, und der Chef, der sagt: ‚Sie müssen es ja wohl nötig haben, den ganzen Tag schweigen, dann kommen Sie sicher mit einem Heiligenschein wieder.' Jetzt muß ich sagen, daß ich froh bin, mich so entschieden zu haben. Das Schweigen ist mir nicht mal schwer gefallen. Ich halte es jetzt sogar für nötig, um sich selbst besser kennenzulernen, um zu sich selbst zu kommen. So habe ich wieder ein besseres Verhältnis zu Gott bekommen und den Mut, neu anzufangen, trotz aller Enttäuschungen."

„Mir haben die Stille und die Abgeschlossenheit in diesen Tagen besonders viel gegeben. Ich muß allerdings eingestehen, daß ich mich doch darauf freue, am Sonntag wieder bei meinen Freunden zu sein und ‚auf den Putz kloppen zu können‘. Doch diese Stille und Ruhe lassen einen richtig dazu kommen, daß man sich auf sich selbst, auf seine Umwelt und auf Gott besinnt. Man tritt wieder in näheren Kontakt mit Gott. Und man wird praktisch gezwungen, einmal richtig über sich und sein Leben nachzudenken. Man lernt wieder richtig beten.“

„Ich bin sehr froh, daß ich hier war, obwohl ich erst nicht kommen wollte. Ich hatte Angst vor der Stille, vor dem Nachdenken. Eigentlich hatte ich Angst vor mir selbst.“

„Ich habe noch nie die Zeit gehabt, oder vielmehr: Ich habe mir noch nie die Zeit genommen, so viel über das Leben Jesu nachzudenken und es mit den Menschen in der heutigen Zeit und mit mir selber zu vergleichen. Ich glaube, vieles ist mir in diesen Tagen bewußt geworden, was ich sonst einfach nur so hingenommen habe. Es ist mir gerade nicht leichtgefallen, den Mund zu halten, vor allem während der Pausen. Aber es ist hinterher doch ein beglückendes Gefühl.“

„Die Stille, die im Hause herrscht, hat mich dazu gebracht, über mich und mein Leben nachzudenken.“

„Ich halte es für positiv, daß bei den Vorträgen nicht diskutiert wurde. Zugegeben, ich hätte manchmal gern etwas gesagt. Die andern sicher auch. Aber das wäre dann nicht um eine Diskussion herumgekommen. Und das hätte nicht gepaßt. Außerdem finde ich es ausgezeichnet, daß jeder ein Zimmer für sich allein hat.“

„Was ich besonders hier gewonnen habe, ist Ruhe. Ruhe in meinem Innern. Denn ich wußte nicht mehr, ob ich nur ein Arbeitstier war, das einfach alles macht, was ihm angetragen wird. Ich weiß jetzt, warum ich es weiter tue."

„Diese Tage der Exerzitien waren ungeheuer eindrucksvoll für mich. So sehr ich anfangs mit der Stille nichts anfangen konnte, so froh war ich nach dem zweiten Tag, daß es hier so ruhig war. Diese Stille und Ruhe sind wirklich wichtig. Es ist auf einmal nicht mehr so schwer mit dem Beten."

Was steht hinter diesen Erfahrungen?
Wenn jemand fragt: „Kannst du mir eine Zigarette geben?", dann ist es leicht, „Ja" zu sagen. Fragt er: „Kannst du mir das Fahrrad leihen?", auch da fällt das „Ja" noch nicht sehr schwer. Und fragt er: „Kannst du mir dein Auto leihen?" Das „Ja" auf diese Frage kann schwerwiegendere Folgen haben und fällt dann nicht mehr so leicht. Fragt aber jemand: „Willst du mich heiraten?"; wenn ich darauf „Ja" sage, vergebe ich nicht nur etwas, dann vergebe ich mich selbst. Dieses „Ja" geht viel mehr in die Tiefe als das „Ja" bei der Frage nach Zigarette oder Fahrrad.
Der Mensch hat die Tiefe, die innere Kraft, die beim „Ja" zur Ehe gefordert ist. Und der Mensch möchte im Grunde die Tiefe aktivieren. Sonst ist er wie ein Löwe im Käfig. Er hat Fähigkeiten und Möglichkeiten, die brach liegen. Das macht leer. Man fühlt sich nicht ausgefüllt.
Ich sah, wie ein Junge auf einem Bauernhof den Hund von der Kette losmachte, um mit ihm spazierenzugehen. Der Hund tollte und sprang wie verrückt. Er hat Fähigkeiten zum Laufen und Springen, die für ihn gewöhnlich „an der Kette liegen".
Der Mensch, der nicht zur Ruhe kommt, der nicht nachdenkt, der nicht in seine eigene Tiefe eindringt, ist wie ein Hund an der Kette.
Man kann beobachten, daß ein Kanarienvogel die geöffnete Klappe an seinem Käfig gar nicht mehr wahr-

nimmt. Ein anderer entdeckt durch Zufall die Öffnung, fliegt heraus, ist sehr unsicher und erschrocken über seine Freiheit, mit der er nichts mehr anzufangen weiß. Er fliegt einige Male im Zimmer hin und her und ist dann so müde, daß er nicht mehr weiter kann. Seine Fähigkeit, sich frei zu bewegen, ist in der Enge des Käfigs abgestorben.

„Die Stille macht mich verrückt!“ schrieb Gertrud, 23 Jahre alt. „Das Haus fiel mir über dem Kopf zusammen. Da bin ich in mein Auto gestiegen und in die Stadt gefahren und dort in ein Kaufhaus gegangen. Da war ich wieder unter Menschen.“

Und Peter, ein 17jähriger Schüler: „Ich laß mich doch hier im Exerzitienhaus nicht einsperren. Ich will frei sein!“

War Gertrud im Kaufhaus wirklich „unter Menschen“? Zunächst war dort Gedränge, Geschiebe, Musik, der Lärmpegel der Gespräche der Hunderte von Kunden, die Gerüche der verschiedensten Waren...

Wo ist man denn nun eingesperrt: im Gedränge des Kaufhauses oder in der Stille eines Exerzitienhauses?

Wenn ein Kanarienvogel in der zehnten Generation im Käfig lebt, dann könnte er der elften Generation folgende Rede halten (wahrscheinlich würde er es tun, wenn er an einer deutschen Universität studiert hätte...): „Wir Kanarienvögel leben in Freiheit! Wieviel Spatzen werden von den Katzen gefressen! Wieviel Drosseln fliegen vor ein fahrendes Auto! Wieviel Schwalben prallen vor für sie unsichtbare Glasscheiben! Nein, wir Kanarienvögel wollen die Freiheit unseres Käfigs behalten! Und außerdem sind die Stäbe an unserem Käfig verchromt. Seht euch nur das Nest eines Spatzen an! Na, ich bitte euch. Und die hübschen Stangen, auf denen wir herumspringen können! Und der Spiegel, in dem wir mit uns selbst schäkern können! Nein, es gibt kein schöneres Fleckchen auf der Erde als unseren Käfig!“

Wie sehr sind wir Menschen unserer Zeit Gefangene des Lärms, der Hast, des Getriebes, des Gedränges geworden.
Ich besuchte mal ein Freibad, dessen Sand- und Rasenfläche buchstäblich mit Menschen bepflastert war. Der Bademeister erklärte auf meine Frage ganz stolz: „Rekordbesuch dieses Jahres! Über dreitausend!"
Ich war so weit in den See hineingeschwommen, wie es die Vorschrift erlaubte. Das Gewirr und Getöse der dreitausend Stimmen erfüllte fast greifbar die Luft. Da ertönte plötzlich der Lautsprecher: „Achtung, Achtung . . ." Plötzlich war es absolut still. Nur das Bellen des Lautsprechers mit seiner kurzen Ansage. Und ich hatte das Gefühl: Alle sind erschrocken, so wie ein Kanarienvogel, an dessen Käfig plötzlich die Klappe geöffnet wurde. Aber nach einer halben Minute der erschrockenen Stille schwoll der Lärmpegel wieder auf die gewohnte Lautstärke an. Alles war wieder „in Ordnung".
Aber was sollen wir machen? In einem normalen Fluß kann man nicht mehr schwimmen, weil er vom Schmutz der Zivilisation verseucht ist. Da bleiben nur die Reservate, die aber dann vom Lärm der Zivilisation verseucht sind. Wo finden wir in der „zivilisierten" Welt Ruhe und Stille?
Wie finde ich die Stille, damit ich in der Stille mich selbst finde, damit ich in der Stille Gott finde?

14. These:

Der Mensch braucht für seine geistige und seelische (oft auch schon für seine körperliche!) Gesundheit die Stille. Er braucht Stille, um zu sich selbst zu finden. Er braucht Stille, um zu Gott zu finden.

13. Wege zur Stille

a) Menschlicher Lebensstil

Diese Überschrift macht deutlich, daß es auch einen „unmenschlichen" Lebensstil gibt. In vielfacher Hinsicht wird uns ein Lebensstil aufgezwungen. Eine Autofahrt durch den Ampelwald einer Großstadt ist nun einmal nicht entspannend. Die Anforderungen am Arbeitsplatz sind meistens so, daß die Menschen nervös, hastig, unruhig werden. Der Lärm, der uns in den Städten umgibt, beeinflußt uns, ohne daß wir es merken.

Wir wollen nicht die Zeit zurückdrehen und uns ins Mittelalter sehnen. Die Zivilisation und die moderne Technik bringen schon echte Fortschritte für den Menschen, auf die wir nicht verzichten wollen. Aber unsere steigende Nervosität und die stets größer werdende Zahl der psychisch Kranken muß uns nachdenklich machen.

Die Verkürzung der Arbeitszeit ist zwar weitgehend mit einer intensiveren und mehr fordernden Arbeit verbunden. Doch liegt in der längeren Freizeit *die* Chance des Menschen – wenn es ihm gelingt, die Freizeit zu gestalten und einen eigenen Lebensstil zu leben. Viele Menschen, die es vom Arbeitsplatz her gewohnt sind, nur auf Anweisung zu arbeiten, schalten in ihrer Freizeit nicht um. Sie lassen sich von der Freizeitindustrie weiterhin anweisen. Sie leben keinen eigenen Stil. Sie werden gelebt.

Wie verbringst du deine freie Zeit?

Jede Woche hat 168 Stunden. Versuche einmal, dir möglichst genau aufzuschreiben, wie du diese Stunden lebst. Wieviel Stunden arbeitest du in der Woche? Wieviel Zeit brauchst du für den Weg zum Arbeits-

platz? Wieviel Stunden schläfst du? Was machst du in der übrigen Zeit . . .?
Versuche einmal, die letzte Woche durchzugehen und dir genau aufzuschreiben, wie du deine Zeit verwandt hast.
Solch eine Übersicht macht manches deutlich und kann gute Anregungen zu einem eigenen, persönlichen und menschlichen Lebensstil geben.
Eine weitere Frage, die man in diesem Zusammenhang bedenken kann: Wann hatte ich es in der vergangenen Woche eilig? Wann stand ich unter Druck? Versuche ebenfalls, jeden Tag durchzugehen und ihn auf solche Situationen hin zu untersuchen. Und dann frage dich: Welche „Druck-Situationen" hätten sich vermeiden lassen?

b) Der Umgang mit den Massenmedien

Auch zu diesem Thema ließe sich viel Grundsätzliches und Tiefsinniges sagen. Wirkungsvoller für dein unmittelbares Leben dürfte es aber sein, wenn du wieder die vergangene Woche durchgehst und dich konkret fragst: Wieviel Zeit habe ich verwandt für Radio, Fernsehen, Zeitung, Bücher?
Ein junger Bankkaufmann erzählte, daß er morgens eine Viertelstunde eher aufstehe, um am Frühstückstisch in Ruhe die Zeitung lesen zu können. Eine Krankenschwester sagte, daß sie, wenn sie von der Arbeit nach Hause komme, sich eine Schallplatte auflege und sich dann ganz der Musik überlasse. Eine 19jährige Büroangestellte schrieb mir: „Ich lese jeden Abend eine halbe Stunde, manchmal auch noch länger. Jetzt ist mir aufgefallen, wie wohltuend das für mich ist. Das ist richtig entspannend. Ich vergesse dann die Hast und die Nervosität, die bei uns im Büro herrscht."

c) Urlaub

Der Urlaub ist eine ganz besondere Chance. Der wichtigste Vorteil — ganz gleich, ob wir den Urlaub zu Hause oder in Südafrika verbringen: Wir stehen nicht im Streß des Alltags. All die vielen Leistungen und Aufmerksamkeiten und Termine, die der Beruf und der Alltag fordern, fallen weg.
Wilfried erzählte vom Lärm der Stanzen und Fräsen in seinem Betrieb. Maria sagte, daß sie in der ersten Zeit in der Weberei sich gewundert habe, wie sich die Kollegen bei dem Krach überhaupt noch unterhalten konnten.
Nun ist Wilfried begeisterter Skifahrer, obwohl er aus dem Flachland kommt. Über ein Jahr hat er gespart und Überstunden gemacht, um sich eine gute Skiausrüstung kaufen und Winterurlaub machen zu können. Wird Wilfried jetzt im Urlaub noch froh sein können, daß es in den Bergen in Südtirol so still und ruhig ist? Bringt er es noch fertig, daß er sich entspannt? Oder wird er nur die Pisten befahren, auf denen der meiste Betrieb herrscht? Wird er es noch schaffen, sich einen stillen Fleck zu suchen und einfach eine halbe Stunde lang die Bergriesen zu bestaunen, ohne zu quasseln, ohne Musik? Wird er eine Skiwanderung durch die verschneiten Wälder noch interessant finden oder wird er sagen: „Da ist doch nichts los!"?
Ich weiß von Wilfried, daß er das schafft. Aber wie viele gibt es, die sich auch im Urlaub vom Getriebe und Gedränge, von Lärm und Raserei nicht lösen können.
Oder Heinz: Er ist Kassierer in einer großen SB-Zentrale. Hunderte Menschen ziehen täglich an ihm vorüber. Aber sie begegnen ihm nicht als Menschen. Sie sind Käufer, die ihm ihre Ware vorlegen. Er hat nicht mit ihnen zu sprechen. Dann würde die Schlange

vor der Kasse schnell anwachsen. Er hat möglichst schnell jeden „abzufertigen“. Ganz gleich, ob der Käufer fröhlich oder verbittert, ob er optimistisch oder resigniert dreinschaut. Das wichtigste Gebot: Aufpassen, daß niemand betrügt! Und: Schnell, schnell, schnell! Nun ist Heinz in einem Urlaubsdorf im Schwarzwald. Ich weiß von ihm, daß er sich mit Absicht ein kleines Dorf gesucht hat, abseits vom großen Urlaubsrummel. Eines der schönsten Urlaubserlebnisse: Er ist an einem Morgen früh aufgestanden und ganz allein durch die Wälder gestrolcht. „Da habe ich gemerkt, daß ich doch noch Mensch bin, nicht nur Kassierer!“ sagt er.
Das ist die Chance des Urlaubs: Ich merke, daß ich Mensch bin!

d) Alleinsein

Bei einem Exerzitienkurs fiel mir folgendes auf: Ich hatte mein Zimmer auf dem gleichen Flur, an dem auch eine Reihe Teilnehmer wohnten. Wenn ich nun aus dem Zimmer herausging, dann öffneten sich regelmäßig an zwei weiteren Zimmern die Türen oder ich sah deren Bewohner, zwei 16jährige Maurerlehrlinge, zusammen im Flur stehen. Die beiden hielten es allein im Zimmer nicht aus. Wenn sie eine Tür gehen hörten oder eine Stimme auf dem Flur, dann fanden sie darin sofort einen Anlaß, ihr Alleinsein zu unterbrechen. Die zwei waren die Jüngsten im Kurs, offensichtlich noch zu jung. Denn trotz der Gespräche, die ich mit ihnen führte: Sie schafften es einfach nicht, allein zu sein.
Nun ist das sicher nicht nur eine Frage des Alters. Für viele Menschen heute ist das Wort „Einsamkeit“ von vornherein negativ. Wahrscheinlich sind wir uns einig darin, daß jeder Mensch selbständig sein sollte. Das heißt aber doch, daß er selbst stehen kann, allein

stehen kann. Der selbständige Mensch hat keine Angst davor, allein zu sein. Und andererseits: Wer den Mut hat, von Zeit zu Zeit allein zu sein, der wird selbständig werden.

Helga schrieb in ihrer „Manöverkritik" über einen Exerzitienkurs: „Zuerst fand ich das, offen gesagt, ausgesprochen blöde. Da wohne ich mit anderen Mädchen Tür an Tür und soll nicht mit ihnen sprechen. Da sitze ich bei Tisch mit anderen Mädchen zusammen. Was könnte man sich alles fragen! Was könnte man austauschen! Und dann sitzt man da und schweigt sich an. Aber ich habe jetzt gemerkt, daß das doch gut ist. Das Gespräch ist prima. Ich freue mich, wenn der Kurs morgen zu Ende ist, daß man wenigstens noch mit einigen sprechen kann. Aber das Alleinsein ist auch prima. Das habe ich bis jetzt noch nicht gewußt. Was einem da alles einfällt! Man kommt auf Gedanken und ist ganz überrascht, daß einem so etwas einfällt!"

Es gibt das falsche Alleinsein, die Vereinsamung. Da schließe ich mich aus oder: Da werde ich ausgeschlossen und beiseite geschoben. Es gibt den Eigenbrötler und den snobistischen Individualisten, der sich für die „Masse" zu schade fühlt.

Es ist natürlich und richtig, wenn man, wie Helga, das Alleinsein als Verzicht empfindet. Das ist bei allen Werten so. Wenn ich ins Theater gehe, kann ich nicht gleichzeitig Radio hören. Wer das Alleinsein nicht auch als Verzicht empfindet, der ist wahrscheinlich innerlich nicht ganz gesund. Aber umgekehrt gilt das gleiche! Wer die Gemeinschaft nicht auch als Verzicht empfindet, wer also nie Sehnsucht danach hat, auch mal allein sein zu können, der müßte auch sehr über sich nachdenken.

e) Exerzitien oder Meditationskurs

Die besondere Chance eines solchen Kurses liegt darin, daß du von der Gemeinschaft mitgetragen wirst. Du erlebst, wie die anderen Teilnehmer die Stille leben. Du wirst durch den Kursleiter motiviert. Du erhältst Anregungen, die Stille zu gestalten.
Es ist allerdings wichtig, daß du dich vorher erkundigst, ob der Exerzitienkurs auch wirklich in Stille gehalten wird.

14. Übungen zur Stille

In früheren Zeiten gab es für die Menschen „von selbst" Zeiten und Räume der Stille. Etwa am Abend, wenn die Mutter mit der Handarbeit beschäftigt war, der Vater die Zeitung las, die kleineren Kinder schon zu Bett waren, die älteren bastelten oder an den Schularbeiten saßen. Es lief weder Fernsehen noch Radio. Hin und wieder wurde ein Satz gesagt. Sonst war es still.
Es gab auch Zeiten, die wir heute als „echt meditative Phasen" bezeichnen würden, etwa im Sommer der Abend auf der Bank im Garten oder im Winter der Abend am Herdfeuer. Andere Tätigkeiten, die sich leicht „meditativ anreichern" ließen: der oft lange Fußweg zur Kirche, manche handwerkliche und bäuerliche Tätigkeiten usw.
Diese „natürlichen Zeiten der Stille" sind uns heute genommen. Dafür erhielten wir viele technische und zivilisatorische Vorteile, auf die wir nicht wieder verzichten möchten. Aber es muß uns klar werden, daß wir — um menschlich bleiben zu können — Bereiche der Stille brauchen.

Das autogene Training als Vorstufe der Meditation ist eine Möglichkeit, die wir für unsere menschliche Gesundheit einsetzen können.
Die Übungen, die hier beschrieben werden, führen im Sinne des autogenen Trainings zur Stille. Ihre Wirksamkeit läßt sich nicht durch das bloße Lesen der folgenden Zeilen erfahren. Du mußt versuchen, das beschriebene Training durchzuführen. Je mehr man sich darin übt, um so eher und um so intensiver spürt man seine Wirkung. Suche dir einen Raum und eine Zeit, wo du möglichst ungestört sein, die du ohne Schwierigkeiten regelmäßig erreichen kannst. Elsa erzählte, daß der Bus morgens so ungünstig fährt, daß sie eine halbe Stunde zu früh in der Stadt ist, in der sie arbeitet. Sie geht dann in eine Kirche in der Nähe ihrer Firma. Dort hat sie ihren „Stammplatz“, wo sie dann jeden Morgen zwanzig Minuten sitzt. Heinz geht am Abend, von der Firma kommend, zehn Minuten in die Kirche. Die meisten aber versuchen, am Abend auf ihrem Zimmer zur Ruhe zu kommen.

Erste Übung

Setz dich bequem und gelassen hin, auf den Boden, auf einen Stuhl, auf das Bett, ganz gleich. Wichtig ist nur, daß du die Haltung etwa zehn Minuten bequem aushalten kannst, ohne dich anders setzen zu müssen.
Jetzt sagst du ganz langsam und ruhig, nach Möglichkeit leise sprechend, so daß du dich selbst hörst, den folgenden Text. Versuche die einzelnen Zeilen zu wiederholen, bis du ihre Wirksamkeit spürst. Wenn dir der Text einigermaßen geläufig ist, schließe die Augen.
Ich habe jetzt Zeit –
zehn Minuten lang habe ich richtig Zeit –
ich werde nicht gestört –

ich kann ganz bei mir sein –
ich freue mich, Zeit zu haben –
ich bin froh, zur Ruhe zu kommen –
alle Unruhe fällt von mir ab –
es wird ganz still in mir –
ich bin ruhig –
ich bin Ruhe –
es ist ganz still in mir –
ich bin stille –
ich komme zu mir selbst –

Zweite Übung

Die folgende Übung klingt in der Beschreibung recht kompliziert. Sie ist aber im Grunde sehr einfach. Es ist eine Geste, die man, etwas verkürzt, oft beobachten kann, wenn jemand ein anderes Gesprächsthema beginnt. Wenn man es einige Male nach dieser Beschreibung getan hat, kann man es „auswendig".
Du stützt die Ellenbogen auf die Knie und legst den Kopf in die Hände. Schließe die Augen kräftig. Streiche nun mit beiden Händen kräftig von oben nach unten über dein Gesicht. Langsam, intensiv, mehrere Male. Dabei bleiben die Ellenbogen aufgestützt. Den Kopf bewegen! Nun laß die linke Hand auf den Oberschenkel fallen. Reibe mit der rechten Hand die Stirn, von links nach rechts, zwei- oder dreimal. Dabei die Augen nur noch geschlossen halten, nicht mehr zudrücken. Streiche nochmal über die Stirn, als ob du alle Sorgen wegwischen wolltest. Streich von der Stirn über die Wangen, bis die Hand am Kinn abrutscht, zwei- oder dreimal. Jetzt nimm beide Hände, streichle mit den Fingerspitzen von der Mitte der Stirn ausgehend über die Wangen bis zum Kinn herunter. Dabei sind die Ellenbogen nicht mehr aufgestützt. Richte dich jetzt langsam auf. Das Gesicht hebst du mit geschlossenen Augen hoch, so, als wenn du nach

oben schautest. Die Streichbewegungen werden mit Armen und Händen ausgeführt. Immer leichter, fast schwebend werden die Bewegungen. Die Stirn, die Wangen, das ganze Gesicht wird frei, entspannt sich. Die Hände läßt du auf die Oberschenkel gleiten, legst sie aneinander, wie eine Schale nach oben geöffnet.

Dritte Übung

Du winkelst den rechten Arm an, spannst die Muskeln an Ober- und Unterarm stark an, ballst die Faust. Diese Spannung hältst du drei Sekunden aufrecht. Dann entspannst du langsam Arm und Hand und bringst sie in eine bequeme Ruhelage: Leg sie auf den Tisch, auf die Sessellehne oder auf den Oberschenkel. Jetzt versuchst du folgende Vorstellungsreihe langsam zu verwirklichen:
Mein rechter Arm ist locker und ruhig ... locker und ruhig ... mein Arm ist ruhig und schwer ... ich spüre, wie er aufliegt ... ich merke sein Gewicht ... ruhig und schwer ... meine Hand ist warm ... ich spüre, wie das Blut in meine Hand fließt ... meine Hand ist warm und schwer ... warm und schwer ... warm und ruhig ... meine Hand ist ruhig und gelöst ... meine Hand ist ganz ruhig.
(Diese Übung eignet sich übrigens auch, wenn man am Abend nicht einschlafen kann. Man kann so auch den Fuß „ruhig werden lassen“ und auch den Kopf, wenn man im Bett liegt.)

Vierte Übung

Setze dich wie bei der ersten Übung. Dann versuche, daß das im folgenden Beschriebene an dir und in dir Wirklichkeit wird:
Ich bin jetzt hier und habe Zeit ... nichts stört mich ... Ich fühle meine Stirn ... die Spannung löst

sich, als ob ich mit einem weichen Tuch darüber streiche ... kein Krampf, keine Falten ... meine Stirn ist gelöst, ist locker, ist frei ...
Meine Augenwimpern liegen ganz locker auf, nicht zugekniffen ... auch meine Augäpfel sind ganz ruhig, als schaute ich durch die geschlossenen Augenlider auf einen Punkt vor mir auf der Erde ... meine Augen sind weich und gelöst wie eine liegende Acht ...
Meine rechte Wange entspannt sich ... die Ruhe fließt von der Stirn herunter ... die Muskeln lösen sich ... kein Zittern der Nerven mehr ... die Ruhe breitet sich aus ...
Meine Lippen liegen ganz weich aufeinander ... die Zähne nicht zusammengebissen ... keine Anstrengung, kein Krampf ... Ruhe, Gelöstsein, Sammlung ... auch die Zunge liegt gelöst, nicht gegen den Gaumen gepreßt ...
Ich spüre meinen rechten Arm. Er hängt locker in der Schulter, im Gelenk ... die Muskeln sind gelöst, keine Anspannung ... ich spüre das Gewicht, wie der Arm im Gelenk hängt ... die Ruhe fließt von der Stirn über die Wange in den Arm ... auch der Unterarm wird locker ... Muskeln und Sehnen und Nerven sind gelöst ... mein Arm ist ganz ruhig ...
Die Ruhe fließt bis in die Hand ... die Hand ist warm und schwer und ruhig ... ich spüre, wie das Blut in meine Hand fließt ...
Die gleiche Übung für die linke Seite, Wange, Arm, Hand, dann:
Warm und weich liegen meine Hände ineinander ... ich spüre ihr Gewicht ...
Der Kreis der Ruhe ist geschlossen ... von der Stirn über den Arm zu den Händen, von den Händen über den Arm zur Stirn ... ich bin ganz ruhig und gelöst ...
(Für diese Übung eignen sich am besten die im folgenden Kapitel beschriebenen Meditationshaltungen.

Du kannst dich aber auch einfach auf einen Stuhl setzen. Wichtig ist nur, daß der Oberkörper gerade aufgerichtet ist und daß du die Hände vor dir ineinander verschränkst, nach oben geöffnet.)

Fünfte Übung: Die Versenkungsübung

Versuche, deine Aufmerksamkeit im Kopf zu sammeln, und zwar an der Stelle, die beim Denken aktiviert wird: im Gehirn. Versuche es zu fühlen ... nun lasse den Schwerpunkt langsam im Innern des Kopfes hinabgleiten ... den Hinterkopf herunter, durch die Kiefern hindurch, bis in den oberen Teil der Brust ... hier lasse ihn ruhen ... nun laß ihn weiter hinuntergleiten. Laß deine innere Aufmerksamkeit, diesen inneren Schwerpunkt, von der oberen Brust langsam in der Mitte des Körpers bis zur Herzhöhe hinabgleiten ... hier ruhe aus ... und dann noch weiter hinab ... senke den Schwerpunkt bis zur Gürtellinie hinab, bis zum Nabel ... und noch ein wenig weiter bis in den Unterleib, dicht über die schalenförmig geöffneten Hände ... hier ist sein wahrer Ort, hier ist auch der physikalische Schwerpunkt des Körpers. Hier unten findest du Ruhe und Entspannung ... versuche immer mehr den Schwerpunkt hierhin zu verlagern ...
Der Vollzug dieser Versenkung geht fast so langsam, wie eine Schnecke kriecht. Für diese Übung ist der Meditationssitz Voraussetzung.

Sechste Übung: Die Atemübung

Es besteht ein enger Zusammenhang zwischen dem seelischen Zustand des Menschen und dem Atmen. Bei Schrecken oder Erregung atmen wir hastig. Ist aber eine Sorge oder Spannung von uns genommen, so atmen wir erlöst aus. Entspannung drückt sich also im Ausatmen aus. So können wir das Ausatmen be-

nützen, um in eine seelische Entspannung zu kommen.
Beim natürlichen Atmen atmet man länger aus als ein. Zwischen dem Ausatmen und Einatmen liegt eine Ruhepause. Versuche, dieses Atmen in einem Vierertakt zu üben: zwei Takte ausatmen, einen Takt ausgeatmet verweilen, einen Takt einatmen. Also: Ausatmen – ausatmen – Pause – einatmen.
Bei den beiden Takten des Ausatmens denke ich: Loslassen – niederlassen. Bei der Pause: Einswerden. Beim Einatmen: Kommenlassen.
Also: Loslassen – niederlassen – einswerden – kommenlassen.
Wichtig: Es ist immer vom „Lassen" die Rede. Was hier geschehen soll, kann ich nicht „machen" oder gar „zwingen". Ich kann mich nur darauf vorbereiten, so daß es mir ermöglicht oder geschenkt wird.
Auch diese Übung ist nur im Meditationssitz möglich. Diese Körperhaltung sorgt dafür, daß der Bauch frei ist, so daß du mit dem Zwerchfell atmest, also tief unten, und nicht oben in der Brust. Beim Einatmen füllst du nicht die Lungen mit Luft, sondern den Bauch. Beim Ausatmen versuche ich den Schwerpunkt nach unten zu verlegen, etwa eine Handbreit unter den Nabel, dort wo auch der physikalische Schwerpunkt des Körpers ist, dicht über die schalenförmig geöffneten Hände.
Wenn ein Fahrschüler das Autofahren lernt, dann muß er zu Beginn ganz bewußt darauf achten, daß das Zusammenspiel von Kupplung treten, Gang einlegen, Gas geben und Kupplung lösen miteinander harmoniert. Ein geübter Autofahrer braucht hinterher nicht mehr darauf zu achten. Er tut es „ganz von selbst".
Genauso muß es mit der Atemübung gehen. Die meisten Menschen haben heute das natürliche Atmen mit dem Zwerchfell verlernt. Es braucht oft eine lange Übung, bis wir uns diese Form des Atmens wieder ganz zu eigen machen können.

15. Die Zen-Meditation

Die meisten der in diesem Buch beschriebenen Gebetsformen haben mehr oder weniger starken meditativen Charakter. Das heißt: Hier wird nicht in erster Linie versucht, rein rational, theologisch-wissenschaftlich vorzugehen. Es wird versucht, alle Fähigkeiten und Kräfte des Menschen in das Gebet miteinzubeziehen.

In einem Exerzitienkurs versuchten wir neben anderen Meditationsübungen auch die folgende: Wir saßen wie gewohnt im Kreis im Vortragssaal. Nach einer kurzen Einführung ließen wir die sechste Sinfonie (Pathétique) von Peter Tschaikowsky spielen. Der Raum war verdunkelt. In der Mitte des Kreises brannte auf einem Ständer eine Kerze. Während die Musik spielte, habe ich nur einige Male die folgenden Sätze gesagt: „Alle Finsternis der Welt vermag nicht das Licht einer einzigen Kerze auszulöschen." Und: „Jesus sagt: ‚Ich bin das Licht der Welt.'"

Bei der Manöverkritik am Ende des Kursus erklärten die Teilnehmer, daß diese halbe Stunde die beste und intensivste des ganzen Kursus gewesen sei.

Bei dieser gerade beschriebenen Form der Meditation versucht man einfach, sich für Musik, Wort oder Bild zu öffnen und die durch diese Medien vermittelten Inhalte in sich aufzunehmen.

Bei der Zen-Meditation wird dieses „Aufnehmen" in besonderer Weise eingeübt.

Im folgenden nun einige Anregungen zur Meditation im Sinn des asiatischen Zen. Einschränkend muß sofort betont werden, daß man diese Form der Meditation wohl nur echt in einem Exerzitien- bzw. Meditationskurs lernen kann. Aber es sollen trotzdem einige Anregungen versucht werden.

Kennzeichnend für die Zen-Meditation ist die körperliche Bereitung:

1. Das Sitzen in völliger Bewegungslosigkeit
2. Das Atmen

Das Atmen wurde in der sechsten Übung des vorigen Kapitels beschrieben. Die vierte und/oder fünfte Übung können als Vorbereitung dienen.

Für den Meditationssitz* seien hier drei Möglichkeiten beschrieben:

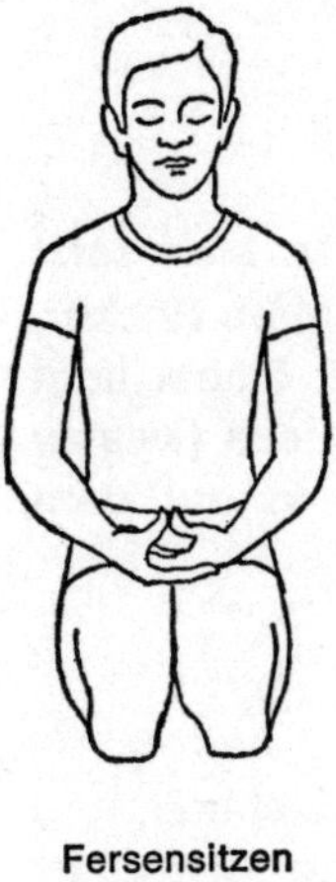

Fersensitzen von vorn

Fersensitzen von hinten

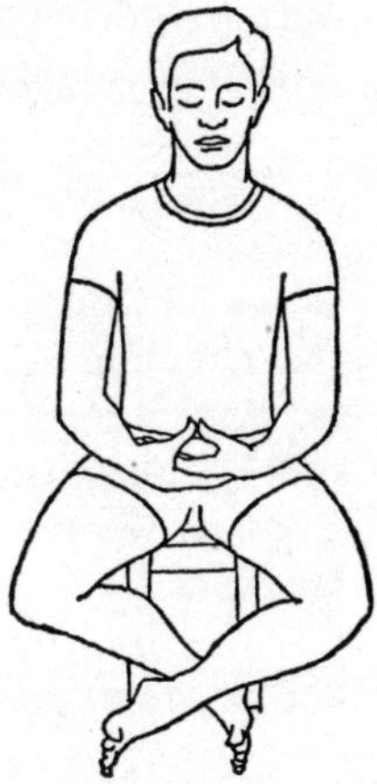

Gemilderter Lotos-Sitz auf einem Hocker

1. Der „Fersensitz“

Du kniest dich auf den Fußboden (zunächst am besten auf eine Decke, die am unteren Ende ein wenig aufgerollt ist, so daß die Knöchel abgestützt sind). Dann setzt du dich auf die Fersen. Die Hände verschränkst

* Abbildungen entnommen aus: K. Tilmann, Die Führung zur Meditation. Siehe Fußnote S. 85.

du ineinander und läßt sie vor dem Unterleib herabhängen, nach oben offen. Jetzt recke den Oberkörper möglichst hoch auf, dann lasse ihn sinken, so daß er sich senkrecht in die Hüften setzt. Kein gekrümmtes Rückgrat! Den Oberkörper lasse ein wenig nach allen Seiten kreisen, bis du das Empfinden hast: Jetzt sitzt der Schwerpunkt genau über dem Stützpunkt. Das volle Gleichgewicht ist gefunden. Der Oberkörper balanciert mühelos. Den Kopf halte gerade. Die Augen sind geschlossen. Wenn du bei geschlossenen Augen schnell ins „Dösen" gerätst, dann halte die Augen halb geöffnet und schaue auf einen etwa zwei Meter entfernten Punkt auf den Boden.

2. Der Sitz auf dem Meditationshocker

Er gleicht dem beschriebenen Fersensitz. Man setzt nur über die Fersen einen etwa 20 cm hohen Hocker, so daß man gleichzeitig kniet und sitzt. Dabei liegt das Körpergewicht dann nicht auf den Fersen (was zu Beginn schmerzhaft sein kann), sondern auf dem Hocker.

3. Der „gemilderte Lotus-Sitz"

Du setzt dich auf einen Stuhl, ohne anzulehnen, und zwar so weit nach vorn, daß die Knie tiefer liegen als der Sitz. Die Knie hängen gelockert nach außen. Nahe den Knöcheln kreuzen die Beine, so daß die Außenränder der Füße auf dem Boden liegen. (Der Stuhl muß flach sein, darf sich nicht nach hinten neigen.) Alles andere dann wie bei 1.
Wer es ernsthaft mit der Meditation versuchen will, sollte den „Fersensitz" einüben und die körperlichen Schmerzen, die sich zuerst in den Knien und den Fußgelenken einstellen, ertragen. Diese Form des Betens fordert echte Entschiedenheit.

Die körperliche Bereitung (der richtige Sitz, das richtige Atmen) sind nicht schon die Meditation. Bei der christlichen Meditation – auch in der Form des Zen – geht es darum, die Wirklichkeiten des Glaubens tief in sich aufzunehmen, so daß sie Basis und Antrieb für mein Leben und Tun werden können.

Neben den beiden körperlichen Kennzeichen der Zen-Meditation, dem Sitz und dem Atmen, gibt es zwei weitere methodische Merkmale. Das Geheimnis der Meditation liegt

1. in der Vereinfachung
2. in der Wiederholung

Was hiermit gemeint ist, läßt sich am einfachsten an einem Beispiel erläutern:

Im Johannesevangelium (8,12) steht das Wort Jesu: „Ich bin das Licht der Welt." Diesen Satz will ich meditieren. Seine Wahrheit, seine Aussage will ich in mich aufnehmen, bis in die Mitte meiner Person. Ich will den Satz also nicht „auswendig" lernen, sondern „inwendig" in mich aufnehmen, was er ausdrückt. So denke ich darüber nach, was dieses Wort Jesu alles bedeuten mag. Ich stelle mir die Dunkelheit der Welt vor, das Leid, die Not, die Sünde. Ich versuche, diese Begriffe mit konkretem Inhalt aus meinem Leben, aus meiner Umwelt zu füllen. Wo habe ich Leid erlebt? Wo erfahre ich Not, Sünde? Dieser Finsternis versuche ich das Jesus-Wort gegenüberzustellen. Vielleicht forme ich es um zu einem Gebetswort: „Jesus, du bist das Licht der Welt!" Und ich stelle mir vor, was das bedeutet: Die Dunkelheit des Bösen ist nicht endgültig. Jesus überwindet sie. Auch durch mich und durch alle anderen, die an ihn glauben.

Durch solches oder ähnliches Bedenken wird das Jesus-Wort mit Inhalt und Aussagekraft gefüllt. Die Fülle der Gedanken und Bilder versuche ich nun in einem ganz einfachen Satz zusammenzufassen, hier etwa: „Jesus – Licht“. Vielleicht nehme ich nur das Wort „Licht“, wobei dann in diesem Wort mitschwingt, daß Jesus das Licht ist, für mich und für die ganze Welt.

In der Meditation wiederhole ich nun immer wieder dieses eine Wort, nicht im „Herunterleiern“, sondern so, daß jedes Aussprechen (hörbar oder auch nur innerlich) intensiver ist als das vorige, tiefer geht, mich mehr und mehr erfaßt.

Es empfiehlt sich, das Wiederholen mit dem Atmen zu verbinden. Hier etwa so: Beim Einatmen „Jesus“, beim Ausatmen „Licht“. Oder nur beim Ausatmen „Licht“. Dabei versuche ich dann, all das, was ich mit „Licht“ meine, in mich hineinzuholen, verbunden mit der Atembewegung des Ausatmens, die ja von oben nach unten geht.

Im asiatischen Zen ist die alte Wahrheit lebendig geblieben, daß nicht der Kopf die Mitte des Menschen ist, sondern der Bauch, das „Hara“. Durch den Meditationssitz wird diese Mitte erreichbar gemacht. Der Bauch ist nicht eingeklemmt wie beim Sitzen auf dem Stuhl. Durch die Atembewegung des Ausatmens von oben nach unten hole ich die Wahrheit, die ich meditiere, in mich, in meine Mitte hinein.

Der Aufbau einer Meditation

1. Ich beginne mit einem kurzen Gebet zum Heiligen Geist.
2. Die inhaltliche Vorbereitung: Ich wähle ein Bild, einen Satz, einen Inhalt, den ich meditieren will. Etwa wie oben beschrieben das Wort Jesu: „Ich bin das Licht der Welt.“ Ich versuche, diesen Inhalt anzureichern und ihn dann in einem ganz einfachen Wort zusammenzufassen.
3. Die körperliche Bereitung: Ich nehme die Meditationshaltung ein und vollziehe das autogene Training

(vierte und/oder fünfte Übung im vorigen Kapitel), anschließend die Atemübung.

4. Die eigentliche Meditation: Ich versuche, mit der Atembewegung die zu meditierende Wahrheit in mich aufzunehmen. (Dieser Abschnitt ist die entscheidende Stufe der Meditation. Hier – im stillen Erleben und Erfahren der Wirklichkeit des Glaubens – kann man den Lohn finden für die anfänglichen Mühen.)

5. Ich schließe die Meditation mit einem Dankgebet. Dabei verneige ich mich tief. (Diese Verneigung ist besonders gut im „Fersensitz" möglich. Ich stütze dann die Ellenbogen auf die Oberschenkel, lege mein Gesicht in die Hände und neige den Oberkörper so tief, daß der Kopf fast die Erde berührt. Das Gebet in solcher Haltung bekommt schon von dieser Haltung her einen besonderen Akzent.)

Die Mindestzeit für eine solche Meditation beträgt 30 bis 40 Minuten.

Es muß noch einmal betont werden, daß es kaum möglich ist, durch diese kurze Beschreibung die eigentliche Meditation zu lernen. Aber vielleicht führen diese Zeilen dazu, daß du dich echt für die Meditation interessierst und an einem Kurs teilnimmst. Anschließend können diese Beschreibungen dann vielleicht eine Hilfe sein.*

15. These:

Der Mensch ist Leib, Geist und Gefühl in gleicher Weise. Das Äußere und das Innere bilden eine Einheit.

* Eine ausführliche schriftliche Darstellung und gute Hinführung zur Meditation ist das Buch von Klemens Tilmann, Die Führung zur Meditation. Ein Werkbuch, Einsiedeln/Zürich/Köln 1971, Benziger Verlag. Die 3 Abbildungen Seite 81 wurden diesem Werk entnommen.

16. Praktische Anregungen zum Gebet

Im folgenden versuche ich, verschiedenste Gebetsformen zu beschreiben. Sie haben alle einen mehr oder weniger stark meditativen Charakter. Sie sind alle in der Praxis ausprobiert. Natürlich wird dir nicht jede Form zusagen. Zunächst sollte man die Form wählen, die beim ersten Lesen als am sympathischsten erscheint. Bei allen Formen gelten für die Vorbereitung folgende drei Anregungen:

a) Versuche, dir Raum und Zeit zu verschaffen, wo du möglichst ungestört sein kannst. Radio oder Fernsehen sind abgestellt. Das Zimmer ist aufgeräumt, damit du möglichst wenig abgelenkt wirst. Zu Beginn des Betens solltest du etwa eine Mindestzeit dafür festlegen.

b) Mache dir deutlich klar, wann das Gebet beginnt und wann es schließt. Möglichkeiten dazu: das Kreuzzeichen, Anzünden einer Kerze, Einnehmen einer bestimmten Körperhaltung, Sprechen eines kurzen Gebetes, etwa zum Hl. Geist.

c) Versuche, ein wenig still zu werden. (Vergleiche dazu die Anregungen im Kapitel 12 und 13.) Mache dir klar, was du tun willst. Denke daran, daß Jesus dir ganz nahe ist, daß er dich hört und sieht und deine Gedanken kennt.

1. Der „Alltagsspiegel“

Er soll eine Hilfe sein, das eigene Leben bewußt zu sehen. Viele Entscheidungen, die wir treffen, bemerken wir selbst nicht als solche. Das Ziel des „Alltagsspiegels“ ist es, daß ich mir selbst auf die Schliche komme. Die Kuh auf der Wiese kann nur fressen, verdauen, Milch geben und so weiter. Sie kann sich nicht fragen: Warum tue ich das eigentlich? Für wen tue ich es? Der Mensch könnte es...

Versuche, mit den folgenden Fragen den vergangenen Tag durchzugehen, Minute für Minute, möglichst präzise. Es kommt nicht darauf an, den ganzen Tag durchzugehen, sondern möglichst intensiv einzelne Situationen zu befragen:

Wann bin ich aufgestanden...

Wie lange hat es gedauert, bis ich aus dem Bett war... warum...

woran habe ich gedacht beim Waschen... beim Anziehen...

welchen Menschen bin ich zuerst begegnet...

wie habe ich sie begrüßt... welche Gefühle, Gedanken hatte ich dabei... warum gerade diese...

habe ich mich unterhalten... worüber...

wie war meine Stimmung... warum gerade so...

habe ich am Beginn des Tages an Gott gedacht... warum bzw. warum nicht...

habe ich die Zeitung gelesen... woran kann ich mich noch erinnern... was habe ich beim Lesen gedacht...

Du kannst den Tag dann weiter durchgehen, den Weg zur Arbeit oder zur Schule, den Arbeitsplatz, die Kollegen, die Mittagspause und so weiter.

Versuche nun, dein Verhalten mit dem Maßstab Jesu zu messen: Wie hätte Jesus sich an diesem Tag, in den gleichen Situationen verhalten? Versuche, mit ihm darüber ins Gespräch zu kommen. Er ist ja Mensch wie wir. Er versteht alle die alltäglichen Kleinigkeiten. Und er ist Gott, in unbegreiflicher Größe. Groß genug, um überall helfen zu können.

2. Das Tagebuch

Das Führen eines Tagebuches kann eine wertvolle Hilfe sein. Hier schreibe ich Erlebnisse des Tages,

Gedanken, Eindrücke und Gebete auf. Durch das Aufschreiben „zwinge“ ich mich zum Nachdenken, auf Einzelheiten einzugehen. Dadurch erkenne ich mich tiefer, erlebe, was in mir vorgeht.
Du wirst beim Tagebuchführen automatisch zurückblättern, an früher gemachte Erfahrungen anknüpfen. Dadurch bringst du Kontinuität in dein inneres Leben, schaffst den berühmten „roten Faden“. Am Wochenende, im Urlaub, vor allem in Exerzitien kannst du größere Zeiträume noch einmal durchlesen und feststellen, welche Trends und Veränderungen sich abzeichnen.

3. Aktion „Mit-Menschen“

Du lebst nicht allein. Du lebst mit Menschen. Deine Mit-Menschen sind – genau wie du selbst auch – Menschen. Das heißt, sie haben gute und schlechte Eigenschaften. Das bleibt nicht ohne Einfluß auf dich. Im Zusammenleben mit ihnen empfängst du Hilfe und Freude, aber auch Ärger und Leid.
Wie stehst du zu deinen Mit-Menschen? Wo hast du deinen Platz zwischen deinen Mit-Menschen?
Es empfiehlt sich folgendes: Schreibe dir zunächst die Namen der Menschen auf, über deren Verhältnis zu dir (und umgekehrt) du nachdenken willst. Z. B. die Namen der Eltern, der Geschwister, der Arbeitskollegen, des Freundes und so weiter.
Dann stelle dir drei Fragen:
a) Was ist durch diesen Menschen in meinem Leben anders geworden (positiv und negativ)?
Welchen Einfluß hat er auf mich ausgeübt?
Umgekehrt: Welchen Einfluß (positiv und negativ) habe ich auf ihn?
b) Welchen Einfluß haben andere Menschen auf ihn?
c) Gibt es besondere Ereignisse, die das Leben dieses Menschen und mein Leben betroffen haben?

Es kommt nicht darauf an, das Verhältnis zu möglichst vielen Menschen zu bedenken. Versuche vielmehr, möglichst intensiv das Verhältnis zu einzelnen zu erkennen.
Hieraus wird sich leicht ein Gebet ergeben.

4. Die Bildbetrachtung

Es gibt heute eine Reihe moderner Bildbände, die sich für eine Bildbetrachtung besonders eignen. Aber auch religiöse Bilder in der Wohnung, in der Pfarrkirche, Kunstkarten, Poster, auch kleine Andachtsbildchen oder gelungene Fotos können eine Hilfe sein.
Zur Betrachtung setze dich so, daß du das Bild bequem sehen kannst. Sollte ein Text neben dem Bild stehen, decke den Text mit einem weißen Blatt zu, damit du nicht abgelenkt wirst. Zunächst geht es hier um die selbständige Betrachtung des Bildes, das in sich einen Aussagewert hat. Anschließend kann man sich auch noch die Anregungen des Textes zu eigen machen.
Schaue das Bild an und lasse es auf dich wirken. Um das Ganze des Bildes zu erfassen, laß deine Augen ein- oder zweimal rund um das Bild wandern, indem du ganz bewußt den Bildrand entlang schaust, um dann die Augen in der Mitte des Bildes ruhen zu lassen. Versuche zunächst, nichts zu erklären oder zu deuten. Lasse nur einfach das Bild auf dich wirken. Versuche das Bild „mit den Augen zu trinken".
Nach einigen Minuten könntest du folgende Schritte versuchen, wobei jeder Schritt auch schon Anlaß zum Gebet, zum Austausch mit Jesus sein kann.
a) Fällt mir beim Betrachten dieses Bildes etwas ein?
b) Wo könnte ich mich selbst wiederfinden? Was würde das für mich bedeuten?
c) Finde ich die Situationen anderer Menschen in

diesem Bild wieder? Welche Konsequenzen hat das für mich?
d) Welche Einzelheiten des Bildes fallen mir auf? Wozu regen sie an, was fällt mir dabei ein?
(Diese schematischen Fragen sind natürlich nur ein Anstoß. Besser lernt man die Bildbetrachtung, wenn man sie in Gemeinschaft durchführt.)

5. Das Gebet mit der Bibel

Man sollte ja eigentlich nie wütend werden. Von Jesus wird jedenfalls nur einmal berichtet, daß er im heiligen Zorn dazwischengeschlagen hat. Es war bei der Vertreibung der Händler aus dem Tempel. Solch ein – ich hoffe, daß es ein „heiliger Zorn" war –, überkam mich einmal bei einem Gespräch mit einigen Theologiestudenten aus dem Priesterseminar. Diese meinten doch allen Ernstes, es sei nicht zu verantworten, „einfachen Gläubigen" so die Bibel in die Hand zu drücken. Denn die könnten die Zusammenhänge nicht überschauen. Die wüßten nichts von der Entstehung der einzelnen Evangelien. Denen fehlte jede exegetische Kenntnis. Die „einfachen Gläubigen" könnten die Bibel nicht verstehen.
Gut, ich kann ja verstehen, daß jemand das, was er jahrelang betrieben hat – in diesem Fall also das Studium –, für recht wichtig hält. Aber arme Kirche, arme Menschheit, wenn die Bibel wieder an die Kette gelegt würde, etwa mit der Aufschrift: „Nur für Studierte!" Dann hätte sich Jesus am See Gennesaret die falschen Apostel ausgesucht.
Nehmen wir also einmal an, Jesus hätte richtig gehandelt, als er damals vorwiegend „einfache Gläubige" zu seinen Jüngern machte. Was soll denn heute ein „einfacher Gläubiger" mit der Bibel tun?
Es ist sicher gut, daß es Leute gibt, die die Bibel studieren. Aber die Bibel ist in erster Linie nicht zum

Studieren geschrieben worden – sondern zum Beten. Sie ist Wort Gottes. Das heißt: Hier spricht Gott zu mir.

Wie liest man nun die Bibel? Darf ich es etwas polemisch sagen:

1. Das Schwarze sind die Buchstaben!
2. Das, was da steht, ist auch gemeint!

Lassen wir die erste Regel weg. Aber die zweite ist wichtig. Die Bibel ist kein Zauberbuch mit geheimen Chiffren. Ich war einmal dabei, als Alfred, ein 23-jähriger Elektriker, mit einem großen Kreis Jugendlicher über das Beten sprach. Er sagte: „Seit sechs Jahren versuche ich, vernünftig zu beten. Ich habe verschiedene Wege ausprobiert. Ich habe mir verschiedene Bücher gekauft. Das war alles ganz prima. Aber am besten klappte das Beten immer noch mit der Bibel." Natürlich wurde er gefragt, wie er das denn mache. „Ganz einfach", sagte er. „Ich fange an und sage Christus, daß ich jetzt mit ihm sprechen will. Und ich bitte ihn, daß er mir hilft, seine Worte aus dem Evangelium zu kapieren. Und dann lese ich ein Stück. Dabei frage ich immer so im Hinterkopf: Christus, was willst du denn jetzt? Was soll ich denn machen?"

Ich halte Alfreds Vorschlag für sehr gut. Nur müßte er, so meine ich, noch um eine zweite Frage ergänzt werden: Christus, was willst du mir schenken mit diesen Worten?

Zum Beten mit der Bibel also folgenden Vorschlag: Lies einen Abschnitt mit diesen Fragen:

– Jesus, welchen Anspruch stellst du mit diesen Worten an mich? Was willst du, daß ich tun soll?

– Jesus, welchen Zuspruch gibst du mir mit diesen Worten? Was willst du mir schenken? Wie willst du mir damit Mut machen?

Sicher gibt es auch schwer verständliche Stellen, vor allem im Alten Testament und in den Paulusbriefen.

Schon im zweiten Petrusbrief beklagt ein offensichtlich auch „einfacher Gläubiger“, daß das, was der „liebe Bruder Paulus nach der ihm verliehenen Weisheit“ geschrieben hat, manchmal schwer verständlich ist (2 Petr 3, 15-16). Darum fange mit den Evangelien an. Wenn du eine Zeitlang mit den Evangelien gebetet hast, werden auch die anderen Texte leichter verständlich.
Eine wichtige Hilfe für das Gebet mit der Bibel ist ebenfalls das gemeinsame Gespräch. Ich schreibe mit Absicht nicht „Diskussion“. Bei der Diskussion geht es ja meist um die Frage: Wer hat recht? Bei einem Gespräch kann einfach jeder seine Erfahrung berichten. Und sicher kann da ein Theologe, der die Bibel durch das Studium u n d durch sein persönliches Beten kennt, besonders gut helfen.

6. Die Lebensbetrachtung

Maria kommt aus K. Dort hat sich in einer großen Fabrik etwas Schreckliches zugetragen. Ein Lehrling wurde von seinen Kollegen dauernd ausgelacht und gehänselt. Er war sehr klein und schmächtig. Eines Mittags machten sich die Kollegen einen besonderen „Spaß“. Sie hängten den kleinen Lehrling an seinem Kittel an einen Garderobenhaken und ließen ihn zappeln. Als sie nach der Mittagspause zurückkamen, zappelte er nicht mehr. Er war tot. Erstickt. Maria sagte: „Als ich das hörte, habe ich zuerst mächtig über diese Kollegen geschimpft. Aber dann wurde ich nachdenklich: Wie bin ich denn meinen Kollegen gegenüber? Bin ich nicht auch sehr schnell bereit, andere ‚auf den Arm zu nehmen‘? Können Menschen in meiner Umgebung frei atmen, oder enge ich sie ein?“
Was ist hier geschehen? Maria ist durch ein Ereignis in ihrem Leben wachgerüttelt und nachdenklich geworden. Sie sieht jetzt manches anders.

Das ist schon fast eine Lebensbetrachtung. Nur gehen wir bei der Lebensbetrachtung noch einen Schritt weiter. Das Ereignis des Lebens, das wir bedenken und dessen Einfluß auf uns selbst und unsere Mitmenschen wir überlegen, ist für den Christen kein Zufall. Gott will mich durch dieses Ereignis formen.
Der Prophet Jeremia erzählt einmal, daß er eine Töpferwerkstatt besuchte. Er schaut zu, wie der Töpfer aus dem weichen Ton Gefäße herstellt. Der Ton folgt schmiegsam dem Druck der Hand des Töpfers. Und hier erkennt der Prophet: So wie der Töpfer durch den Druck seiner Hände den Ton zum Gefäß formt, so formt Gott den Menschen.
Die Ereignisse des Lebens, kleine Alltäglichkeiten und große Erlebnisse, sind für den Christen „die Hand Gottes", die weiter an der Erschaffung des Menschen arbeitet. So soll der Mensch immer mehr Mensch werden.
In der Lebensbetrachtung versuche ich, über diese Tatsachen nachzudenken. Ich mache mir bewußt, wie Gott in meinem Leben gegenwärtig und tätig ist.
Hans versucht, am Abend in Form der Lebensbetrachtung zu beten. Ihm fällt ein Ereignis des Tages ein: Kurz nach Arbeitsbeginn kam der Chef hereingebrüllt. Er hatte wohl schlecht geschlafen. Jedenfalls hatte er die Angestellten angeschrien, vor allem Monika, das Lehrmädchen. Als er aus dem Büro wieder herausging, war klar, daß alle anfingen zu motzen. Solange der Chef da war, hatten sie die Ohren angelegt. Niemand hatte etwas gesagt. Hans erzählte, daß er zunächst natürlich mitgeschimpft hatte. Aber abends beim Beten hat er sich gesagt: „Gott spricht zu mir durch die Ereignisse des Lebens." Da war ihm diese Begebenheit eingefallen. „Da ist mir", so Hans, „ganz was Blödes in den Kopf gekommen. Ich habe mir einmal vorgestellt, der Chef hätte diesen Wutanfall mal nur als Trick, als Test gespielt und hätte anschlie-

ßend durch ein eingebautes Mikrophon gehört, wie die einzelnen Angestellten reagierten. Da wäre ich mir ziemlich blöde vorgekommen. Und wenn der oberste Chef im Himmel das Ganze arrangiert hätte? Darüber habe ich nachgedacht und mir vorgenommen, bei ähnlicher Gelegenheit das Lehrmädchen in Schutz zu nehmen. Im Grunde war jeder froh, daß sie Blitzableiter war. Und mit zwei von meinen Kollegen, die ich etwas besser kenne, werde ich reden, daß es eigentlich blöde ist, über den Chef zu motzen, wenn er nicht da ist."

Die Methode der Lebensbetrachtung besteht also darin:

– Du suchst ein Ereignis deines Lebens, über das du nachdenken willst.

– Du fragst: Wenn Gott dieses Ereignis arrangiert hätte, eigens um mich zu bilden, um mir dadurch etwas zu zeigen, was könnte ich dann daraus entnehmen? (Das Ereignis geschieht natürlich nicht *nur* meinetwegen. Aber auch!)

Hier einfach einige Beispiele von kleinen und großen Ereignissen, die Inhalt einer Lebensbetrachtung sein können:

Ich habe einen Freund, eine Freundin ...

Ich habe Krach mit den Eltern ...

Ich habe mir ein Moped angeschafft ...

Ich habe mir im Kino einen blöden Film angesehen ...

Ich habe einen Verkehrsunfall gesehen ...

Ich habe Angst vor der Prüfung ...

Ich habe einen Blinden gesehen ...

Ich las in der Zeitung den Bericht über ein Verbrechen ...

Wenn du öfter ganz bewußt in dieser Form der Lebensbetrachtung betest, wirst du auch im Laufe des Tages öfter nachdenken, etwa auf dem Nachhauseweg, im Bus oder im Auto. Du wirst offener werden. Viele Dinge, die andere nicht sehen, werden dir auffallen. Du wirst reicher. Die Lebensbetrachtung ist sicher eine der ganz aktuellen Formen des Betens heute.

17. Gebete „mit der Hand"

1. „Deine Hand hast du auf mich gelegt"

Diesen Satz aus dem Psalm 139 wollen wir nicht nur mit dem Kopf oder mit den Augen betrachten. Wir können ihn buchstäblich er-fühlen.
Setze dich vor den Tisch. Lege locker und unverkrampft die linke Hand auf den Tisch, die rechte Hand lege auf die linke. Damit du nicht abgelenkt wirst, schließe die Augen. Was fühlst du jetzt?
Ich spüre die Wärme der Hand ... den leichten Druck, der nicht weh tut, sondern schützt ... Geborgenheit ... Vertrauen ...
Ich wiederhole leise den Satz des Psalmes: „Deine Hand hast du auf mich gelegt." Immer wieder sage ich mir diesen Satz. Dabei fühle ich die Hand, die bergend, schützend, wärmend auf mir liegt.
Ich versuche, im Gebet Gott zu danken, daß er so ist. Er schlägt nicht zu. Er droht nicht. Er schenkt Geborgenheit und Vertrauen.
Ich denke an den Satz aus dem Lukasevangelium (4, 40): „Er legte einem jeden von ihnen die Hände auf und heilte sie." So wie die Kranken und Armen zu Jesus kommen, so komme auch ich zu ihm. Er wird auf mich seine Hand legen und mich heilen ...
Was fällt mir weiter ein ... Ich denke an Gottes schützende, bergende Hand ...

Ich denke an die Menschen, die den Eindruck haben, „von Gott und der Welt verlassen zu sein“ ... Ich bitte Gott, daß er seine schützende Hand über alle Menschen ausbreitet.

2. „Er füllt mir die Hände“

Auch zu diesem Satz die Anregung einer körperlichen Betrachtung. Ich setze mich und halte meine Hände auf. Ich lege sie nebeneinander, entweder auf den Tisch oder auf die Knie, zu einer Schale geformt, nach oben offen.
Ich schaue meine Hände an. Sie sind leer. Sie warten darauf, gefüllt zu werden.
Sind sie wirklich leer? Was alles hat Gott mir in meinem Leben geschenkt ... Wie oft hat er sie zum Überfließen gefüllt ... Jesus sagt: „Ich bin gekommen, damit sie das Leben haben und es in überfließender Fülle haben“ (Joh 10, 10). Von dieser Fülle haben wir alle empfangen.
Was hat Gott mir heute in die Hände gelegt ...
Sind meine Hände nicht oft auch leer? Daß ich den Eindruck habe, daß mir alles zwischen den Fingern hindurchrinnt ... Nichts kann ich halten ... Ich bin leer, ausgetrocknet ... Ich bin allein – wie Jesus am Kreuz. Ob ich da mit ihm beten kann: „Vater, in deine Hände empfehle ich meinen Geist!“
Diese Haltung der Hände kann auch etwas anderes zeigen: Geborgenheit und Schutz. Wenn ich mich in die Hand Gottes gebe, bin ich geborgen. „Gott ließ uns fallen, und so stürzen wir denn auf ihn zu.“ Auch wenn ich das Gefühl habe: Er hat mich fallen gelassen – ich kann nur in seine Hände fallen ...
Ich sehe die leeren Hände. Wieviel Menschen strekken mir täglich ihre leeren Hände entgegen und warten, daß ich sie fülle ...
Spüre ich das, oder gehe ich darüber hinweg? Wer

ist mir heute begegnet? Wessen Hände habe ich füllen können ...
Im Bericht von der wunderbaren Brotvermehrung heißt es: „Jesus segnete die Brote, brach sie und gab sie den Jüngern. Die Jünger aber reichten sie dem Volk." Habe ich das, womit Jesus mir die Hände gefüllt hat, weitergegeben an die anderen ...

3. „Und sie fesselten ihn"

Ich falte meine Hände in der Form, daß ich die Handflächen aneinander halte und die Daumen übereinander lege.
Ich betrachte meine gefalteten Hände. Was fällt mir dazu ein ... Was würde es bedeuten, wenn ich die so gefalteten Hände in die Hände eines anderen legen würde?
Bei der Gefangennahme Jesu am Ölberg heißt es: „Und sie fesselten ihn." Sie wollen diese Hände binden, damit sie nicht mehr helfen und heilen und segnen können. Aber durch die Fesseln binden sie ihn nur noch mehr an seine Aufgabe, für die Menschen da zu sein. Lasse ich mich binden oder mache ich alles „unverbindlich"?
Lasse ich mich von einer Aufgabe fesseln, von der Aufgabe, die ich als Christ habe: für andere dazusein ... Bin ich von Jesus gefesselt, fasziniert ... Lege ich meine gebundenen Hände in seine Hände ...

Jesus, diese meine gefalteten Hände möchte ich in deine Hände legen. Ich möchte mich dir ausliefern. Dir und all den Menschen, in denen du mir begegnest. Ich möchte mich fesseln lassen, faszinieren lassen. Ich möchte ganz und gar für dich und die anderen da sein. Aber ich spüre schon, daß ich meine Hände wieder aus deinen Händen zurückziehe. Ich habe

Angst, mich dir zu überliefern. Ich weiß, wenn ich dir den kleinen Finger reiche, nimmst du die ganze Hand. Ich habe das oft erfahren. Eine kleine Aufgabe habe ich übernommen, und schon will man mehr und mehr von mir. Und ich habe Angst, Herr, schlicht und einfach Angst, daß ich das auf die Dauer nicht aushalte. Jesus, du hast dich fesseln lassen. Gib auch mir den Mut, daß ich mich binde, an dich und an meine Mitmenschen, in denen du mir begegnest.

4. „Und sie schlugen ihn ins Gesicht"

Ich balle meine Hand zur Faust.
Ich schaue meine geballte Faust an. Was fällt mir dazu ein ... Die geballte Faust, die die anderen trifft ... Wie reagiere ich, wenn ich von Rücksichtslosigkeit und Wut anderer betroffen werde? Schlage ich zurück und reize dadurch den anderen, seinerseits zurückzuschlagen – der schreckliche „Kreislauf der Blutrache" ... Oder bringe ich es fertig, diesen „Teufelskreis des Bösen" zu durchbrechen, indem ich Böses mit Gutem vergelte?
„Wenn dich einer auf die rechte Wange schlägt, dann halte ihm auch die linke hin" (Mt 5, 39).
Die geballte Faust der Zerstörungswut, rücksichtslos wie eine Granate ...
„Vater, vergib ihnen, denn sie wissen nicht, was sie tun" (Lk 23, 34).
Die geballte Faust der Revolutionäre, die zerstören will, um aufbauen zu können. Ist ein Trümmerfeld der beste Ackerboden, um säen zu können? Der Sämann hat keine geballte Faust! Wo bin ich zu falschem Radikalismus versucht, der Liebe und Verständnis vergißt ...
Die Hand, die sich in ohnmächtigem Zorn zur Faust ballt ... Der Lehrling, der ausgenutzt wird und sich nicht wehren kann ... Das Mädchen, das nicht so

modisch hübsch ist und von den anderen an die Seite gedrängt wird ...
Der hungernde Arbeitslose in Indien oder Brasilien, der den Reichen in einem feudalen Wagen vorbeifahren sieht ...
Wie oft hat sich solch eine Faust gegen mich geballt, weil ich unterdrückt habe ...

Jesus, als man dich ins Gesicht schlug, hast du nicht zurückgeschlagen. Du warst gefesselt. Du konntest nicht zurückschlagen, weil du dich an deinen Auftrag gebunden hattest. An den Auftrag der Liebe! Befreie die Welt durch die Liebe! Laß die verkrampften Fäuste sich lösen, damit sie empfangen können wie eine Schale. Damit sie geben können wie die Hand eines Sämannes.

5. Das Kreuzzeichen

Das Kreuz war zur Zeit Jesu ein Galgen, an dem man Verbrecher aufhing. Es ist zu einem Zeichen des Heiles und des Segens geworden.
Warum mache ich ein Kreuzzeichen?
Vielleicht mache ich jetzt einmal bewußt und langsam ein Kreuzzeichen. Was könnte das bedeuten ...
Vielleicht tue ich es mehrere Male hintereinander, langsam, mit Bedacht. Von oben bis unten, von links bis rechts, ganz gehöre ich Ihm!
Das Kreuz ist das Zeichen des Heiles, das Jesus uns gebracht hat. Ich mache über mich dieses Zeichen des Heiles. Ich stelle mich unter dieses Zeichen des Kreuzes.
Das Kreuz ist zum Zeichen des Segens geworden. Ich mache dieses Zeichen des Segens über mich, über mein Leben.

18. Der Rosenkranz

Ich muß ehrlich zugeben: Vor einem Jahr hätte ich mich nicht getraut, den Rosenkranz in diesem Zusammenhang zu nennen. Ich habe ihn selbst oft gebetet, vor allem beim Autofahren. Aber die meisten Jugendlichen lehnten den Rosenkranz ab. Für sie war der Rosenkranz der „Inbegriff des Langweiligen". Das hat sich – für mich überraschend – im letzten Jahr geändert.
Das Rosenkranzgebet ist, psychologisch gesehen, ein Meisterwerk. Zunächst einmal habe ich etwas in der Hand, die Perlenkette oder den Ring. Das Gebet ist überschaubar, man weiß genau, wie „lang" es ist. Das Gebet ist einerseits gekennzeichnet durch das meditative Element des Wiederholens der Ave Maria. Gleichzeitig wechseln die einzelnen Gesetze. Jedes Gesetz besteht aus zehn Ave Maria, entsprechend der Zahl der Finger. Die bekannten, „offiziellen" Rosenkranzgesetze kann ich durch selbst formulierte Gesetze auswechseln.
Sind dir nicht auch schon mal in der Kirche alte Menschen beim Rosenkranzgebet aufgefallen, die unwahrscheinlich gesammelt und ruhig waren? Es scheint mir jedenfalls zu billig, den Rosenkranz einfach als langweilig abzutun. Andererseits würde ich ihn auch nicht als Allheilmittel anpreisen. Aber es ist eine sehr alte Form des Betens. Und es lohnt, sich neu damit auseinanderzusetzen.
Eine 20jährige Arzthelferin schreibt: „Wir waren einmal mit vier Jugendlichen bei einem Priester, der plötzlich sagte: Laßt uns gemeinsam einen Rosenkranz beten. Bis dahin habe ich nicht viel von diesem Gebet gehalten. Ich hatte es nie ernst und wirklich gebetet, sondern einfach nur heruntergerappelt. Nun sprachen wir es zum erstenmal langsam und über-

legt. Durch das Wiederholen der einzelnen Gesetze drangen wir immer tiefer in den Sinn des Gebetes ein. Nun ist es für mich zu einem der schönsten Gebete geworden, die ich kenne."

Wie eingangs gesagt: Vor einem Jahr habe ich gemeint, der Rosenkranz sei für junge Menschen nicht geeignet. Aber im letzten Jahr habe ich häufig solche Berichte wie den von der Arzthelferin gehört, so daß ich meine Meinung ändern mußte.

Hier nun die Gesetze der vier „offiziellen" Rosenkränze:

a) Die „freudenreichen Geheimnisse"

... den du, o Jungfrau, vom Heiligen Geist empfangen hast
... den du, o Jungfrau, zu Elisabet getragen hast
... den du, o Jungfrau, geboren hast
... den du, o Jungfrau, im Tempel aufgeopfert hast
... den du, o Jungfrau, im Tempel wiedergefunden hast

b) Die „schmerzhaften Geheimnisse"

... der für uns Blut geschwitzt hat
... der für uns gegeißelt worden ist
... der für uns mit Dornen gekrönt worden ist
... der für uns das schwere Kreuz getragen hat
... der für uns gekreuzigt worden ist

c) Die „glorreichen Geheimnisse"

... der von den Toten auferstanden ist
... der in den Himmel aufgefahren ist
... der uns den Heiligen Geist gesandt hat
... der dich, o Jungfrau, in den Himmel aufgenommen hat
... der dich, o Jungfrau, im Himmel gekrönt hat

d) Die „trostreichen Geheimnisse“

... der vom Himmel aus als König herrscht
... der in seiner Kirche lebt und herrscht
... der einst richten wird die Lebenden und die Toten
... der alles neu machen und vollenden wird
... der unser ewiger Lohn sein wird

Und hier einige Beispiele für selbstformulierte Gesetze:

... der mir in meinen Mitmenschen begegnet
... der die Not der Welt am eigenen Leibe gespürt hat
... dem ich mein ganzes Leben anvertraue
... der mir ganz nahe ist
... den ich für meine Schuld um Verzeihung bitte
... der mir Geduld und Treue schenken möge

Diese Gesetze sind aus konkreten Anliegen des Alltags entstanden. Man kann sie auch einem Evangelium entsprechend formulieren. Als Beispiel der Bericht vom Sturm auf dem Meer (Mt 8, 23-27). Wenn man den Rosenkranz in Gemeinschaft betet, liest man zuerst das Evangelium vor. Dann spricht man gemeinsam darüber. Dann hält man kurze Zeit Stille und bittet einige Teilnehmer, dem Gespräch entsprechend je ein Gesetz zu formulieren. Man kann die Gesetze natürlich auch vorher vorbereiten. Etwa so:

... der so oft abwesend zu sein scheint
... zu dem wir um Hilfe rufen
... der auch jetzt seine Kirche nicht allein läßt
... der Macht hat zu helfen

19. Das Gebet in der Kirche

„Gut gebetet habe ich immer dann – oder dieses Gefühl, gut gebetet zu haben, hatte ich immer dann –, wenn ich mich äußerlich und innerlich um Ruhe bemüht habe. Das Äußere war immer Vorbedingung für das Innere. Ganz konkret erinnere ich mich an folgendes: Ich setzte mich für längere Zeit hinten in die halbdunkle Kirche. Obwohl ich aufgedreht war, vermittelte mir der große zweckfreie Raum die nötige Wellenlänge."

„. . . Da bin ich zum erstenmal in meinem Leben ohne jeden Grund in die Kirche gegangen oder vielmehr aus dem Grund, weil es mich zu Gott gezogen hat."

„Ich habe es zum erstenmal fertiggebracht, in die Kirche zu gehen, die leer war und wo ich ganz einsam mit Gott allein war. Irgendwie kamen mir dann Gedanken zu allen möglichen Themen, und ich habe stumme Zwiesprache mit Gott gehalten. Anschließend war ich unwahrscheinlich ruhig, gelöst und heiter. Ich habe nicht gewußt, wie kurz eine Stunde sein kann, wenn man ein interessantes Thema gefunden hat, das man mit Gott durchspricht, durcharbeitet."

„Ich glaube, es war der 6. oder 7. Juni 1968. Man hatte Robert Kennedy erschossen. Ich habe damals sehr lange überlegt, wie ein Mensch dazu kommen kann, jemanden umzubringen. Ich bin dann abends in unsere Kirche gegangen. Dort war ich lang allein und habe nachgedacht über den Tag und über die Menschen. Ich konnte zuerst nicht beten. Aber dann kam es von allein. Ich sprach mit Gott. Ich habe ihm erzählt, was ich dachte. Ich habe ihn gebeten, daß er den Menschen, die jemand umbringen oder bestehlen, verzeiht und ihnen hilft. Ich habe gebetet für Frau Kennedy, die es sicher sehr schwer haben würde. Und ich habe gebetet für alle Menschen, die in Not und Sorge sind. Ich habe für meine Mutter gebetet. Denn zwei Jahre vorher war mein einziger Bruder durch einen Unfall ums Leben gekommen. Mir ist nie bewußt geworden, wie schwer es für meine Mutter gewesen sein muß. Aber da habe ich zum erstenmal intensiv für sie gebetet. Ich weiß nicht, wie lange ich in der Kirche war. Aber ich bin dann des öfteren abends zur Kirche gegangen, um zu beten."

Wie kommt es, daß die Schreiber dieser Berichte dem Kirchenraum solche Bedeutung geben?
Ein ganz wichtiger Grund, ob bewußt oder unbewußt, ist für viele die Gegenwart Jesu in der Eucharistie im Tabernakel.
Ich hörte demgegenüber folgende Argumente: „Also, wie ist das denn jetzt: Da heißt es doch einmal, Gott sei allgegenwärtig, also praktisch überall. Dann soll Jesus gesagt haben: ‚Wo zwei oder drei in meinem Namen versammelt sind, da bin ich mitten unter ihnen.' Und dann gibt es also noch den Tabernakel. Wo ist Gott denn nun wirklich? Ist er einmal zu zehn Prozent und ein anderes Mal hochprozentiger gegenwärtig?"
Als Monika mir eine ähnliche Frage stellte, fragte ich zurück: „Du hast einen Freund? Und du freust dich, daß er dein Freund ist? Wenn du sein Bild siehst, freust du dich auch? Gestern abend sah ich, daß du quer über Rasen und Blumenbeete auf sein Auto zuliefst, als du es hier vor der Tür sahst. Wieviel Prozent hat denn die normale Freude, und wieviel Prozent sind nötig, damit man über ein Blumenbeet springt?" Darauf Monika: „Das ist typisch! Ewig über Gott schwätzen und die menschlichen Werte lächerlich machen!" „Du hast recht", habe ich ihr geantwortet. „Du liebst deinen Freund, und das sollte ich ernst nehmen und nicht lächerlich machen. Und ich liebe Gott, ich versuche es jedenfalls. Und vielleicht kannst du das genauso ernst nehmen."

Im weiteren Verlauf des Gespräches wurde dann klar, daß menschliche Werte, Liebe, Freude, Verzeihen, Dank und so weiter, nicht in Prozent oder Kilogramm meßbar sind. Es gibt eine Ebene der Dinge und Sachen, auf der man messen und wiegen kann. Es gibt eine Ebene der Menschen, der Personen, auf der diese Maßstäbe nicht mehr gelten. Schon auf der Ebene der Sachen kann man nicht alle Begriffe durcheinanderwerfen. Es ist unsinnig zu fragen: Welche Farbe hat ein Liter? oder: Wie schwer ist ein Prozent? Noch unsinniger ist es, jetzt auch noch die Ebenen durcheinanderzuwerfen. Etwa: Wieviel Pfund Liebe hast du?

Und wenn wir über Gott sprechen, dann trifft nach christlichem Glauben zunächst zu, daß Gott eine Person ist, wo also die naturwissenschaftliche Sicht nicht ausreicht. Gott ist aber – nach christlichem Glauben – noch mehr als ein Mensch, eben Gott. Und mit menschlichen Begriffen und Worten können wir diese Wirklichkeit nie richtig zum Ausdruck bringen. Es ist immer nur der Versuch eines Herantastens, eines Ahnens.

Wenn du also in eine Kirche gehst und dich vor dem Tabernakel fragst, was das denn zu bedeuten hat mit der Brotsgestalt, mit der Gegenwart Gottes, dann darfst du nicht mit Begriffen wie Pfund und Prozent kommen. Das ist, wie man heute sagt, intellektuell unredlich.

Aber selbst die Begriffe, mit denen wir die Wirklichkeit des Menschen einzufangen oder auszudrücken versuchen, fassen die Wirklichkeit Gottes nicht. Paul, der Verliebte, wird sagen: „Meine Pauline ist immer bei mir." Irgendwie stimmt das ja auch. In seinem Denken und Fühlen ist sie einfach da, auch wenn sie 100 km von ihm entfernt wohnt.

Nun sagt der Christ: „Mein Gott ist immer bei mir." Dann braucht er die gleichen Worte wie Paul. Und

doch ist etwas anderes, Tieferes gemeint. Eben etwas Göttliches, das wir aber nur in unserer menschlichen Sprache ausdrücken können.
Und hier setzt der entscheidende Unterschied ein: Daß Gott auf einer anderen, höheren Ebene zu finden ist, das ist nicht beweisbar. Es ist nicht beweisbar, daß menschliche Worte und menschliches Denken nicht groß genug sind, um wirklich zu erfassen, wer Gott ist, wie Gott ist. Aber wenn jemand mit Christen diskutiert, dann muß er redlicherweise zur Kenntnis nehmen, was die Christen mit ihren Worten meinen. Denn so primitiv, wie in vielen Phrasen und Angriffen der christliche Glaube hingestellt wird, so primitiv ist er keineswegs. Bei manchen Kritikern habe ich den Eindruck, daß sie über den christlichen Glauben sagen: Da geht einer mit einem Stock spazieren. Und in Wirklichkeit nimmt der Gemeinte Anlauf zum Stabhochsprung.
Noch einmal zurück zum Tabernakel: Angenommen, es stimmt, daß Jesus das Wort des Priesters in der heiligen Messe zu seinem eigenen Wort macht: „Das ist mein Leib!" ... Angenommen, es stimmt, daß Jesus dann wirklich und tatsächlich in dieser Brotsgestalt gegenwärtig ist ... Es sträubt sich manches in uns, weil wir leicht geneigt sind, uns mit Physik und Chemie auf die Hostie zu stürzen. Aber angenommen, es stimmt, daß Jesus so menschlich bei uns sein will, greifbar, sichtbar. Dieses Geheimnis seiner göttlichen Wirklichkeit wird doch nicht dadurch unwirklich, daß man seine Gegenwart nicht mit Pfund, Prozent, ja nicht einmal mit menschlichen und persönlichen Begriffen „ergreifen" kann.
Im Grunde hilft das Reden und Diskutieren nicht. Die tiefe, verborgene Wahrheit dieses Geheimnisses findet nur der, der in die Kirche geht und vor dem Tabernakel betet. So kann ich dich eigentlich nur einladen: Geh in eine Kirche. Knie dich vor den Ta-

bernakel und versuche einfach dem zu glauben, was Jesus uns gesagt hat: „Seht, ich bin bei euch alle Tage bis ans Ende der Welt." Sage ihm einfach: „Jesus, ich glaube, ich versuche wenigstens zu glauben, daß du hier bist." Laß diesen Glauben, dieses Vertrauen tief in dich eindringen. Du wirst spüren, welche Freude und Kraft für dein Leben davon ausgeht.

In dem ersten Bericht auf Seite 103 war noch ein wichtiger Punkt genannt: „Ich setzte mich für längere Zeit hinten in die halbdunkle Kirche. Obwohl ich aufgedreht war, vermittelte mir der große zweckfreie Raum die nötige Wellenlänge." Die Stille des Kirchenraumes läßt auch den Besucher leichter still werden.

Als ich Kaplan in einer Pfarrgemeinde war, sind wir öfter am Abend nach Gesprächen und Diskussionen im Jugendheim mit der jeweiligen Gruppe in die Kirche gegangen. Wir haben dann auf dem Altar einige Kerzen angezündet, aber sonst kein Licht angemacht. Ich habe den Tabernakel geöffnet, und gemeinsam haben wir gebetet. Das waren gute Gebete!

Ähnliches erlebe ich in jedem Exerzitienkurs. Wir halten jedesmal in der Kapelle eine Nachtanbetung. Wir legen eine Liste aus, und jeder Teilnehmer kann eintragen, zu welcher Stunde er in der Nacht beten will. Fast immer machen alle Teilnehmer mit, obwohl jedesmal ausdrücklich gesagt wird, daß die Nachtanbetung ein absolut freiwilliges Angebot ist. Und von 10 Uhr abends bis 7 Uhr morgens wird gebetet. Jede Gruppe, meist sind es drei bis fünf Personen, kann die Stunde selbst gestalten. Eine Gruppe nahm sich Decken mit in die Kapelle, setzte sich vor dem Altar auf den Boden, sang zur Gitarre, und die einzelnen formulierten frei ihre Gebete. Andere sind einfach die ganze Stunde still in der Kapelle. Und ist das nicht überraschend: Bei den Kritiken am Schluß der Exerzitienkurse wird die Nachtanbetung immer als d i e positive Erfahrung herausgestellt.

„Die Nachtanbetung war nach meinem Ermessen für alle gleich schön. Alleine mit Gott reden und sprechen, das war einfach toll.“
„Ich habe nicht gewußt, daß man so gut beten kann, und dann noch mitten in der Nacht.“
„Wenn mir vor einer Woche einer gesagt hätte, ich würde eine ganze Stunde lang beten, dann hätte ich den für verrückt erklärt. Mir ist aber die Stunde gar nicht lang geworden. Als ich zum erstenmal auf die Uhr schaute, waren schon vierzig Minuten herum.“
„Die Nachtanbetung hat mir richtig gezeigt, wie man beten kann. Was ich da gemacht habe? Ich war eigentlich nur mit Jesus zusammen.“
„Daß die Nachtanbetung so gut war, hat sicher auch am Äußeren gelegen. Es war völlig still und ruhig. Die Kerzen brannten. Niemand störte. Man konnte richtig zu sich selbst kommen.“
Es zeigt sich hier wieder einmal: Das Wichtigste beim Gebet ist nicht, daß man darüber redet, sondern daß man es tut. Nur so findet man Zugang zu ihm.

20. „Action pray and dance“

Tanzmeditation

Bei dieser Überschrift werden manche Kritiker der modernen Kirchenmusik sagen: „Da haben wir's! Jetzt fangen sie auf ihre Musik auch noch an zu tanzen!“
Und sie haben recht, die Kritiker – man kann tatsächlich tanzend beten oder betend tanzen. Vom König David im Alten Testament wird schon berichtet, daß er in einer Prozession getanzt habe. Und auch damals

schon – so sagt es die Bibel – haben sich die Leute darüber aufgeregt.
Aber „Action pray and dance" ist ganz harmlos und einfach entstanden. Bei einer Schulung starteten wir am Abend eine Diskothek. Zwei Stunden lang habe ich mir die Tanzenden angeschaut, und ich war sehr beeindruckt: Wie frei und ungezwungen sie sich bewegen, wie sie durch körperliche Bewegung Gefühl und Empfinden ausdrücken. Natürlich auch: Wie sie sich von Musik und Lichtorgel packen lassen, wie sie anderen Bewegungen abschauen und sie kopieren.
Am anderen Tag haben wir miteinander diskutiert und uns gefragt, ob man die „Methode" des Tanzens nicht auch für das Gebet verwenden könnte. Zunächst wurden Bedenken laut. „Man kann doch ‚Not' oder ‚Bitte' nicht tanzen!" Andere meinten, daß man das gerade sehr gut könne, nur dürfe man dann nicht einfach einige „auswendig gelernte Tanzbewegungen" machen. Und schon entdeckten wir eine Parallele zum „gesprochenen Gebet": Das einfach oberflächlich Dahergesagte ist kein gutes Gebet. Das einfach oberflächlich Dahergetanzte genausowenig.
„Machen wir denn jetzt nicht einfach auf einer Modewelle mit? Diskothek ist ‚in' – also tanzen beim Beten!" Das war ein weiteres Bedenken.
Und die Gegenargumente: Der Tanz heute hat sich gegenüber früher dadurch verändert, daß nicht nur „vorgeschriebene" Formen getanzt werden dürfen. Der Tanz in der dunklen Diskothek erlaubt viel mehr persönliche Einfälle. Und die sind leichter zu tanzen, weil ja doch jeder für sich tanzt. Beim „Walzer" wäre niemand auf die Idee gekommen, daß man damit auch beten könnte. Aber bei den freien, neuen Formen ist das doch möglich.
„Tanzen besteht doch darin, daß ich mich einfach von der Musik packen lasse und durch meine Bewegungen zum Ausdruck bringe, was ich empfinde und

fühle.“ Ich meine, daß diese Ansicht einer 19jährigen Verkäuferin genau richtig ist.

Man kann durch die Sprache Gedanken und Empfindungen ausdrücken, man kann es auch durch die Bewegungen des Tanzes. „Und wenn wir Gott zumuten, daß er auf unser Stottern und Sprechen hört, dann können wir ihm auch zumuten, auf unser Tanzen und Springen zu schauen!“ Das sagte ein Schlosserlehrling.

Dieses Kapitel habe ich nachträglich geschrieben. Wir haben es ganz zum Schluß noch in dieses Buch aufgenommen, weil bei den Exerzitienkursen dieses Jahres die Tanzmeditation so positiv aufgenommen wurde. Praktisch haben wir es so gemacht: Im verdunkelten Raum brannten nur einige Kerzen. Wir saßen auf dem Boden. Ich habe erklärt, daß wir im Tanzen zu beten versuchen wollen. Dann haben wir Musik laufen lassen, etwa Spirituals, von den Les Humphries Singers gesungen. Nach je zwei Tänzen haben wir uns auf den Boden gesetzt, und ich habe aus der Situation heraus Gebete gesprochen. Dann haben wir wieder getanzt.

Einmal haben wir auch versucht, in den „Tanzpausen“ ein Bild (Dia) zu betrachten, das zur Musik paßte, das gleiche ausdrückte wie die Musik, die anschließend gespielt wurde. Das schien eine gute Möglichkeit zu sein.

Von einigen Jugendlichen weiß ich, daß sie hin und wieder am Abend eine Schallplatte auflegen und tanzend beten. Einige lehnen die Form auch ab. „Ich hab' sowieso keine Lust am Tanzen, auch nicht, wenn's ‚fromm‘ sein soll!“ sagte einer.

Die Tanzmeditation ist sicher nicht d i e Form des Gebetes, aber doch e i n e Form. Vielleicht kann sie manchem helfen, wieder mit mehr Freude und innerer Beteiligung zu beten.

21. Die vielen Gründe – und die Faulheit

Was hindert mich wirklich am Beten?

In einer Gruppe von zwölf Jugendlichen, Mädchen und Jungen, sprachen wir über das Beten. „Aus welchen Gründen fällt vielen Jugendlichen das Beten heute schwer?“ Zunächst wurden recht oberflächliche Bemerkungen gemacht: Das Beten ist langweilig! – Den ganzen Quatsch kennt man ja auswendig! – Man braucht doch nur in die Kirche zu kommen und sich das Geleier vom Pastor anzuhören! – Was soll das denn? Da kommt ja sowieso nichts bei raus! – Die da ewig in die Kirche rennen, sind auch nichts besser als wir!

Dann sagte einer: „Laßt uns doch ehrlich sein. Das sind doch nicht die entscheidenden Gründe! Der eine kann doch zu Hause beten, wenn ihm der Pastor zuviel leiert. Und wenn einem das Beten langweilig ist, dann soll er sich doch ein vernünftiges Gebetbuch kaufen. Und das Zur-Kirche-Rennen, ich glaube, das ist auch bloß so eine Entschuldigung daher.“

Da war es zuerst still. Ich habe dann noch einmal gesagt: „Dann laßt uns doch mal tiefer überlegen!“ Es kamen dann eine Reihe sachlicher Gründe, die auch in den bisherigen Kapiteln dieses Buches schon genannt wurden. Dann sagte ein Mädchen: „Kommt, wir wollen uns doch nichts vormachen. Natürlich gibt es manche Schwierigkeiten. Und es ist sicher schwer für einen, der als Kind zu Hause nie beten gelernt hat. Aber der wichtigste Grund, warum wir so wenig beten, das ist doch unsere Faulheit.“

Die Gesichter der Gesprächsteilnehmer und der weitere Verlauf des Gespräches zeigten, daß die Spre-

cherin gesagt hatte, was alle anderen auch fühlten, aber zunächst nicht zugeben wollten.
Ich möchte wirklich nicht behaupten, daß man sich eben nur ein bißchen anstrengen muß und daß es dann schon klappt mit dem Beten. Ich kenne eine Reihe junger Leute, die das Beten wirklich ernst nehmen und einfach nicht weiterkommen. Man würde ihnen sehr unrecht tun, wenn man sagen würde: Das ist doch nur eure Faulheit!
Aber bei den meisten, bei den allermeisten spielt die Bequemlichkeit eine große Rolle.
Was kann man gegen solche Faulheit tun? Vor allem eines: Anfangen, immer wieder neu anfangen.
Ich las das Tagebuch, das Papst Johannes XXIII. geschrieben hat. Dabei ist mir aufgefallen, daß dieser Mann, der doch in der ganzen Welt bei Menschen aller Religionen so großes Ansehen hatte, daß er eigentlich ein Versager war. Ich mag das bald gar nicht schreiben und bitte dringend darum, weiter zu lesen: Er hat sich von 18 bis 80 im Grunde immer wieder das gleiche vorgenommen. Und das doch deshalb, weil es vorher nie geklappt hat. Wie sehr hätte man Verständnis gehabt, wenn er mit sechzig Jahren gesagt hätte: ‚Was ich in den sechzig Jahren meines Lebens nicht geschafft habe, das schaffe ich im einundsechzigsten auch nicht.‘ Oder: ‚Was ich in achtzig Jahren nicht geschafft habe, das schaffe ich im einundachtzigsten auch nicht.‘
Und genau das hat er nicht gesagt.
Und das ist sicher der entscheidende Grund, warum dieser alte Mann so offen war, so bereit, auch über das Neue nachzudenken und die Kirche dafür zu öffnen. Wer bei sich selbst bereit ist, immer wieder neu anzufangen, der traut das auch anderen zu. Und wer anderen ehrlich das Gute zutraut, der hilft dadurch am meisten mit, daß es auch getan wird.
Es ist oft mühsam, wenn man eingestehen muß, daß

man seinen Vorsatz wieder einmal nicht geschafft hat. Aber wer dann resigniert, der ist im Grunde schon verkalkt, ganz gleich, ob er 16 oder 60 ist. Und wer sein Versagen wieder und wieder eingesteht und dann wieder und wieder anfängt, im Vertrauen darauf, daß Gott doch einmal das Gute schaffen wird, der wird auf der einen Seite sehr bescheiden und auf der anderen Seite sehr optimistisch sein. Der hat Verständnis für die Schwächen der anderen, und der strahlt eine Atmosphäre aus, die Mut macht, die mitreißt zu neuem Beginn.
Und ein weiteres entscheidendes Mittel gegen die Faulheit: Ich sammle Motive und Argumente, die für das Gebet sprechen. Und je mehr ich mir diese Argumente und Motive zu eigen mache, um so leichter fällt es mir, die Bequemlichkeit zu überwinden.

22. Der Aufhänger

Über das thematische Beten

Nehmen wir einmal an: Du sitzt am Abend einigermaßen schlaff auf deinem Zimmer und planst, alsbald in möglichst tiefen Schlaf zu versinken. Du beschließt aber, vorher noch zu beten. Nehmen wir einmal an, du würdest in Erinnerung der Kapitel, die über die „Äußerlichkeiten“ sprachen, vor dem Jesusbild, das auf deinem Tisch steht, eine Kerze anzünden. (Auch „harte Männer“ werden überrascht sein, welche Hilfe das sein kann. Einmal, weil das lebendige Feuer der Kerze irgendwie Atmosphäre schafft. Zum anderen, weil dadurch der Rahmen abgesteckt wird: Die Kerze brennt, jetzt habe ich zu beten ... und: Das Gebet ist zu Ende, ich blase die Kerze aus. Du lächelst dezent über solche „Kindereien"? Ich meine: Zuerst wohlwollend ausprobieren!)

Du willst also beten.

Dazu ein sehr einfacher, aber wichtiger Tip: Du brauchst einen „Aufhänger".

Damit ist dieses gemeint: Heinz verspürt regen Appetit und geht zur Pommes-Bude: „Ich hätte gern etwas zu essen!" Das Fräulein lächelt höflich zurück: „Können Sie es etwas präziser sagen?"

Was soll sie sonst auch auf solch eine Anforderung hin zubereiten? So ähnlich, meine ich, kann man auch nicht einfach „beten". Du mußt dir schon klarmachen, was und wie du beten willst. Thema oder „Aufhänger" des Gebetes könnten zum Beispiel sein:

– Die Frage: Was habe ich heute gut gemacht? Wo habe ich mich gefreut, daß es geklappt hat?

– Jesus sagt: „Liebt einander, wie ich euch geliebt habe!" Wie hat Jesus uns geliebt? Wie habe ich das heute getan? Wie kann ich es morgen tun?

– Die Vater-unser-Bitte: „Dein Wille geschehe!" Wo habe ich heute erlebt, daß Gottes Wille geschah ... durch mich, durch andere Menschen? Was kann ich tun, daß mehr Menschen sich darum bemühen, daß Gottes Wille geschieht?

– Der Satz des Franz von Sales: „Mit einem Löffel Honig kannst du mehr Fliegen fangen als mit einem Faß Essig." War ich heute grimmig, bitter, essigsauer oder freundlich, gewinnend?

Die „Methode" des Betens mit einem „Aufhänger" besteht darin, daß du einen Gedanken, einen Satz, ein Bild oder einen Vergleich nimmst und sozusagen durch diese Brille jetzt das Leben betrachtest. Dein persönliches Leben, das deiner Mitmenschen, der Kirche, der ganzen Menschheit. Wenn du das Leben betrachtest, besteht natürlich die „Gefahr", daß deine

Gedanken irgendwann spazierengehen (vgl. 9. Kap.). Die Gedanken machen sich selbständig. Du beginnst zu phantasieren, zu grübeln, zu dösen – aber du betest nicht mehr. Nun hat der „Aufhänger" einen großen Vorteil: Irgendwann merkst du ja, daß deine Gedanken ganz woanders sind. Dann hast du sofort wieder einen Ansatzpunkt, zu dem du zurückkehren kannst – zum „Aufhänger".

Angenommen, der „Aufhänger" war die Frage: „Was habe ich heute gut gemacht?" Und du beginnst am Morgen. Du bist – zur großen Überraschung deiner Mutter – pünktlich aufgestanden. Du hattest sogar Zeit für ein kurzes Morgengebet. Beim Frühstück passierte nichts Besonderes. Im Bus das Gespräch mit Walter über das geplante internationale Jugendtreffen . . . Und schon überlegst du, was da noch weiter zu tun ist . . . Mitten in diesen organisatorischen Überlegungen fällt dir die brennende Kerze auf und dir ein, daß du ja eigentlich beten wolltest. Wie war noch der „Aufhänger": „Was habe ich heute gut gemacht?" . . . Wo war ich noch . . . ach ja, im Bus, Gespräch mit Walter – und sofort kannst du weiter nachdenken und die Ergebnisse dieses Nachdenkens mit Jesus besprechen.

Wenn du Profil in dein Leben bringen willst, dann ist es gut, solch einen Aufhänger für längere Zeit zum Motto deines Lebens zu machen.

Ulla erzählt, daß ihr beim Urlaub mit einer größeren Gruppe erschreckend aufgefallen war, wie sehr alle um sich selbst kreisen. Rücksicht, Bereitschaft, auf die anderen einzugehen, zu helfen – das ist selten. Und sie merkt, daß sie auch selbst zuerst immer an sich denkt. „Schließlich habe ich ja Urlaub!" denkt jeder und entschuldigt damit seinen brutalen Egoismus. „Es fing an", sagt Ulla, „als ich unter der Dusche stand und das Wasser nicht abfloß. Die vor mir die Dusche gebraucht hatten, hatten sie nicht sauber ge-

macht. Der Abfluß saß voller Haare. Erst hatte ich die Wut. Dann habe ich den Abfluß sauber gemacht. Am Nachmittag sah ich dann in der Dorfkirche zufällig ein ganz altmodisches, komisches Bild von der Fußwaschung. Jesus bückt sich vor seinen Jüngern bis zur Erde. Da fiel mir ein, wie ich mich am Morgen in der Dusche über den Abfluß gebückt hatte. Ich habe mir dann vorgenommen, möglichst jeden Tag dieses Bild in der Kirche zu betrachten. Dabei habe ich dann immer überlegt, wie ich jetzt helfen könnte in unserer Gemeinschaft. Hinterher haben Anneliese und Renate auch mitgemacht."
Karlheinz hat irgendwo den Satz gehört, daß man die Christen eigentlich an ihrer Freude erkennen müßte. Er schreibt sich darum die Aufforderung des hl. Paulus auf einen Zettel: „Freut euch im Herrn allezeit!" Diesen Zettel legt er auf seinen Nachttisch. Einen ganzen Monat hat er beim Morgen- und Abendgebet über diesen Satz nachgedacht. Als er mir das erzählt, war er richtig „happy". Offensichtlich war diese Aktion erfolgreich gewesen.

16. These:

Man kann nicht einfach „essen". Dazu braucht man bestimmte Nahrungsmittel. Man kann nicht einfach „beten". Dazu brauche ich einen konkreten Anlaß, ein konkretes Thema, einen „Aufhänger".

23. Auswendig

Die Chancen des vorformulierten Gebetes

Von der Kindheit und der Schulzeit her haben viele von uns das Gebet als langweilig in Erinnerung. Beten

hieß da, relativ uninteressante Sprüche aufsagen. Wer als Jugendlicher das Beten neu entdeckt, entdeckt es zumeist dadurch, daß er spürt: Ich kann ja mein Leben beten. Ich kann mit eigenen Worten mit Jesus sprechen.
Wenn du nun ein wenig Zugang zum persönlichen Gebet gefunden hast, möchte ich dich doch auch wieder auf die „auswendig gelernten Sprüche“ hinweisen. Ich meine jetzt nicht kitschige Kindergebete oder unehrliche, blumenreiche Phrasen. Es gibt auch sehr gute Gebete, bei denen es sich lohnt, sie auswendig zu lernen. Ich denke hier zum Beispiel an das folgende Gebet:

Herr Jesus Christus, wir opfern dir unseren Tag, unsere Arbeit, unsere Kämpfe, unsere Freuden und Leiden.
Laß uns, wie auch alle unsere Schwestern und Brüder, in der Welt der Arbeit denken wie du, arbeiten mit dir, leben in dir.
Gib uns die Gnade, dich mit ganzem Herzen zu lieben und dir mit allen Kräften zu dienen.
Dein Reich komme in die Fabriken, die Werkstätten, die Büros und in unsere Häuser.
Gib, daß alle, die heute in Gefahr sind, in deiner Gnade bleiben. Und schenke den Verstorbenen deinen Frieden.
Besonders bitten wir dich ...
Herr Jesus Christus, in deiner Liebe segne die arbeitende Jugend.
Herr Jesus Christus, heilige uns und unsere Familien.
Herr Jesus Christus, dein Reich komme durch uns und unsere Arbeit.
Maria, Königin der Apostel, bitte für uns. Amen.

Mir scheint dieses Gebet auch deshalb sehr gut zu sein, weil es die Arbeit und die Kollegen am Arbeitsplatz mit einbezieht. Die konventionellen Gebete und Kirchenlieder klammern diesen Bereich fast ganz aus. Ich weiß, daß dieses Gebet zahlreichen modernen jungen Menschen viel gegeben hat.

Ruth schrieb mir einmal, daß ihr beim abendlichen Beten dieses Textes im zweiten Vers der Satz aufgefallen sei: ‚Laß mich denken wie du!' „Da habe ich gemerkt, daß ich eigentlich noch nie darüber nachgedacht habe, ob ich wohl so denke wie Jesus. Jesus hat doch immer an die anderen gedacht. Und ich denke doch immer zuerst an mich."

Klar, daß Ruth diesen Satz dann immer besonders intensiv gebetet hat, wenn sie dieses Gebet hörte.

Werner hat sich vorgenommen, beim Abendgebet den ersten Vers dieses Gebetes etwas ausführlicher zu überlegen: „Unseren Tag, unsere Arbeit, unsere Kämpfe, unsere Freuden und Leiden." Wie war denn der Tag heute ... Für mich ... meine Arbeitskollegen ... meine Freundin ... für die Menschen in den Entwicklungsländern ...

Welche Arbeit habe ich, haben meine Bekannten heute getan... und die Arbeitslosen... welche Kämpfe... wo habe ich mich angestrengt...

Wenn Werner diese Worte im einzelnen tiefer bedenkt, dann wird ihm auch bei einem späteren Beten dieser Texte einiges davon wieder einfallen. Die Erfahrungen und Überlegungen, die er damit gemacht hat, werden irgendwie mitschwingen.

Natürlich gilt das nicht nur für auswendig gelernte Gebete, sondern überhaupt für Gebete, die von anderen formuliert worden sind. Es gibt ja heute eine Reihe moderner Gebetbücher für die Jugend, in denen du Texte findest, die dich ansprechen. Beim Lesen und Beten merkst du oft: Das, was da steht, ist ja auch meine Erfahrung. Und oft merkst du auch: Was da steht, ist ja wirklich toll. Aber allein wäre ich nie darauf gekommen.

17. These:

In festen Gebeten, die von anderen formuliert wurden, kann ich mein Leben, meine Erfahrungen und Gedanken wiederfinden. Ich werde hier in manchem bereichert und profitiere von den Erfahrungen anderer. Wenn ich müde bin und ein persönliches intensives Gebet nicht mehr zustande bringe, dann können die Texte helfen, wenigstens noch etwas zu beten.

Vielleicht findest du dann auch Gebete, die deine „Lieblingsgebete" werden, die für dich dann sozusagen an der Spitze der „Gebetsparade" stehen.

24. Sonntagabend und Montagmorgen

Von der Treue im Gebet

Es ist Mai, Sonntagabend, der Mond scheint, die Nachtigall singt, die Linden duften. Paul und Pauline gehen zusammen spazieren. Und weil der Weg so schmal ist, ganz eng nebeneinander. Jeder, der die beiden sieht, merkt: hochgradig verliebt.
Zehn Jahre später: Montagmorgen, 5 Uhr 45. Der Wecker rappelt. Paul muß zur Arbeit. Die Nacht war rebellisch. Wenn „Klein-Max" aufhörte zu schreien, fing „Klein-Monika" an. Zähnchen kriegen und so. Jedenfalls war Mutter Pauline fünfmal aufgestanden. Jetzt hat sie Kopfschmerzen. Noch völlig kaputt. Aber sie steht um 5 Uhr 45 wieder auf und macht Vater – Paul den Kaffee fertig. Nichts mit Nachtigall und verliebten Blicken, sondern unausgeschlafen, noch nicht gewaschen und frisiert.

Wo ist jetzt die echtere, tiefere Liebe – am Sonntagabend im Mai oder am Montagmorgen um 5 Uhr 45?
Ich meine, man sollte Paul und Pauline wünschen, daß sie auch nach zehn Ehejahren noch manchen schönen Sonntagabend erleben. Aber damit allein ist es nicht getan. Der Alltag ist eben auch alltäglich und mühsam.
Ein ähnliches Beispiel: Werner ist „high". Er war in Exerzitien, die ihm ganz toll gefallen haben. So etwas hat er noch nie erlebt. Vor allem bei der Nachtanbetung hat er beten können, wie er es noch nie vorher in seinem Leben gespürt hat.
Zehn Wochen später: Werner kommt völlig abgeschlafft vom Jugendheim zurück. Sie hatten Hausbesuche gemacht und 50 Jugendliche angesprochen. Über 20 hatten versprochen, zu kommen – und 2 waren da. Werner hat schlicht und ergreifend „die Schnauze voll". Aber dann stellte er sich doch vor das Kreuz in seinem Schlafzimmer und quälte sich ein kurzes Gebet ab für die 48, die nicht gekommen waren.
Welches Gebet von Werner war besser, das in den Exerzitien oder das nach der Pleite im Jugendheim?
Ich meine, man sollte Werner wünschen, daß er auch außerhalb der Exerzitien mal richtig gut beten kann. Aber der Alltag ist eben auch alltäglich und mühsam.
Wenn eine Frau ihren Mann nur dann liebt, wenn sie selbst etwas davon hat – dann ist das mit ihrer Liebe nicht weit her. Dann wäre noch zu fragen, ob sie wirklich ihren Mann liebt oder ob das alles nicht nur hübsch verbrämter Egoismus ist.
Wenn jemand nur dann betet, wenn – wie man zu sagen pflegt – „das Gebet *mir* etwas gibt", dann ist das mit der Liebe zu Gott noch nicht weit her.
„Da soll ich dann abends und morgens mein Sprüchlein aufsagen. Da habe ich nichts von. Das Gebet gibt mir einfach nichts", klagt Ulrike.

Teresa von Avila, eine Spanierin, lebte vor 400 Jahren. Als noch niemand an Emanzipation und so weiter dachte, setzte sie sich schon wacker mit Herzögen, Bürgermeistern und Bischöfen auseinander. Eine Reihe ihrer geistreichen und oft recht spitzen Briefe sind uns noch erhalten. Teresa war Ordensfrau und hat ihren Orden in ganz Spanien und darüber hinaus wieder auf Schwung gebracht. Diese Frau, fromm, geistreich, mutig, schreibt, nachdem sie sich vorgenommen hatte, täglich eine Stunde zu beten: „Ich beschäftige mich schon einige Zeit hindurch mehr mit dem Verlangen nach dem Ende der Gebetsstunde, mit dem Horchen auf den Schlag der Uhr, als mit anderen guten Gedanken. Ja, ich kann mir keine so schwere Buße denken, die man mir hätte auflegen können und die ich oft nicht lieber auf mich genommen hätte, als mich zum Gebet zu sammeln. Wahrhaftig, die Gewalt, mit der mich der böse Feind und meine schlimme Gewohnheit vom Gebet abhalten wollen, und die Traurigkeit, die mich beim Eintritt in die Kapelle befallen, waren fast unerträglich."
Von vielen anderen bekannten Christen wissen wir Ähnliches. Es gibt offensichtlich auch im Gebetsleben Durststrecken, die oft sehr beschwerlich sind. Da ist dann nichts mehr mit Begeisterung und „high durch Jesus". Da kommt es dann einfach auf die Treue an, auf Durchhalten nach dem Motto: „Nicht nachlassen!" Aber auch das ist eine Erfahrung der Menschen, die besonders mit Gott verbunden leben, die wir Heilige nennen: „Gott läßt sich an Großmut nicht übertreffen!" Wenn wir solche Durststrecken durchhalten, dann gilt nicht nur: „Euer Lohn wird groß sein im Himmel." Auch hier auf Erden schon pflegt Gott sich für solche Treue zu revanchieren.
Die Erfahrung der großen Beter zeigt, daß nach solch einer Nacht auch wieder der Morgen kommt, an dem

man das Glück und die Freude des Gebetes, der Nähe Gottes wieder erlebt.

18. These:

Wer nur dann betet, wenn es ihm Freude macht, wenn es ihm etwas gibt, der betet noch egoistisch. G o t t ist die Mitte des Gebetes. Wenn ich ihn ernst nehme, stehe ich auch im Gebet treu zu ihm.

25. Miteinander

Die Chancen des gemeinsamen Gebetes

Vor einiger Zeit besuchte ich Anita, 19 Jahre, um mit ihr über die Jugendarbeit zu sprechen, in der sie kräftig mitmischt. Nach einem guten Gespräch sagte ich zum Schluß: „Sollen wir nicht kurz zusammen ‚einen Streifen beten'?" Anita war dafür. Ich formulierte so aus dem Gespräch und der Situation heraus ein kurzes Gebet. Soweit hatte ich das schon oft erlebt. Meist waren die Jugendlichen dann immer überrascht. (Eigentlich komisch, daß man überrascht ist, wenn ein Priester nicht nur über das Beten spricht, sondern einlädt, es gemeinsam zu tun!) Aber im Grunde waren alle doch ganz davon angetan.
Anders jetzt bei Anita. Als ich das Gebet beendet hatte, fing s i e an, frei und ganz selbstverständlich auch ihrerseits ein Gebet zu formulieren.
Und das, was ich bei Anita zum erstenmal erlebte, habe ich in den letzten Monaten häufig erlebt. Ich habe weiter von einer Reihe Jugendlicher gehört, daß sie das auch so mit guten Bekannten tun.

Ria erzählt, daß sie normalerweise am Sonntagabend mit ihrem Freund gemeinsam betet, bevor er wieder nach Hause fährt. Clemens berichtet begeistert, daß er am Sonntagnachmittag eine junge Familie besuchte. Er kannte Frau und Mann sehr gut. Er hat in der Jugendarbeit mit ihnen zusammen gewirkt. Der Mann, Maurermeister und ein handfester Typ, hatte vor dem Kaffee vorgeschlagen, ein wenig zusammen zu beten. Er hatte eine Stelle aus dem NT ausgesucht, die er vorlas. Die drei sprachen zusammen über diesen Abschnitt, und dann beteten sie, jeder so, wie es ihm gerade einfiel.
Du meinst, das wäre nun reichlich fromm und übertrieben? Gut, ich gebe zu, daß es manchem schwerfällt, so freiweg ein Gebet zu formulieren. Nicht, weil er nicht fromm genug wäre, sondern weil er sich einfach nicht so ausdrücken kann und er Hemmungen hat, wenn andere dabei sind. Das ist sicher auch eine Frage der Übung.
Aber ob man so frei miteinander beten soll? Mir scheint, darüber kann nur der diskutieren, der es selbst schon öfter getan und erlebt hat. Es wäre ja auch unklug, wenn jemand sein Urteil über Portugal fällt, nur weil er in Spanien war. Sicher gibt es zwischen beiden Ländern Gemeinsamkeiten, aber ein Land kann ich doch erst beurteilen, wenn ich es selbst erlebt habe.
Mir scheint, daß dieses freie, gemeinsame Gebet eine große Chance ist. Es ist etwas ganz anderes, als wenn man gemeinsam das Vaterunser betet oder aus einem Gebetbuch vorbetet. Wenn jeder der Gemeinschaft vertraut und ehrlich sein Gebet vorträgt — dann entsteht eine Atmosphäre, die Freude und neues Vertrauen schenkt.
Nach einer Diskussion über religiöse Fragen stand ich mit Gertrud, einer Sparkassenangestellten, zusammen. Es kam dann ein Mädchen, eine Primanerin,

deren Name ich nicht kenne, zu uns und sagte: „Es ist ja alles ganz schön, was wir vorhin besprochen haben. Aber ich kann einfach nicht beten. Wenn ich bete, dann habe ich immer das Gefühl, als spräche ich vor eine leere Wand. Wie soll man das denn machen mit dem Beten?“ Ich fühlte mich angesprochen als Priester und versuchte, eine „kluge und überzeugende“ Antwort zu geben. Die Diskussion fand in einem Raum unter der Kirche statt. Nachdem ich ein paar Sätze gesagt hatte, unterbrach mich Gertrud und sagte: „Sollen wir nicht statt zu diskutieren in die Kirche heraufgehen und dort miteinander zu beten versuchen?“ Ich wurde ein wenig verlegen, aber das Mädchen war sofort einverstanden. Wir haben uns dann in der Kirche nebeneinander gesetzt. Zuerst haben Gertrud und ich uns abgewechselt und so aus der Situation heraus zu beten versucht. Zum Schluß betete auch das Mädchen. Wir haben dann noch eine halbe Stunde still in der Kirche gesessen. Und jeder hat für sich persönlich zu beten versucht. Am Tag darauf traf ich im Gedränge das Mädchen kurz wieder. So im Vorbeigehen sagte sie, richtig ehrlich und froh: „Danke schön für gestern abend!“ Und ich habe mir gedacht, daß Gertrud diesen Dank verdient hatte.

Was vom gemeinsamen Gebet gilt, gilt auch, in abgewandelter Form, vom religiösen Gespräch.
Ich erinnere mich noch gut an ein Gespräch, das schon viele Jahre zurückliegt. Wir erwarteten an einem Abend im Jugendheim wenigstens zehn Mädchen, mit denen wir die CAJ aufbauen wollten. Aber nur Carola und Margret kamen. Wir haben dann nicht über die anderen geschimpft, die nicht gekommen waren, sondern uns so über die Ziele der geplanten Arbeit unterhalten. Und so kamen wir dann auch auf das Gebet zu sprechen. Jeder von uns erzählte einfach, wie er es normalerweise damit hält. Und ge-

meinsam haben wir dann überlegt, wie es besser werden könnte. Wir haben alle drei an diesem Abend sehr viel gewonnen. Carola und Margret waren bislang „normal katholisch“ gewesen. Sie hielten nicht viel vom Glauben, weil sie ihn nie von innen kennengelernt hatten. Durch das Gespräch an diesem Abend war ein ganz neuer Anfang gesetzt worden. Die beiden haben später wieder neue Gespräche mit anderen Mädchen und Jungen geführt. Und im Grunde haben sie es immer wieder so gemacht wie an diesem ersten Abend: Sie haben einfach angefangen, von sich selbst zu erzählen, wie sie zu beten versuchen. Dann haben sich, oft jedenfalls, auch die anderen geöffnet und von sich erzählt.

19. These:

Wenn in einer Gemeinschaft jeder bereit ist, von sich etwas abzugeben und offen zu sein, dann entsteht dadurch eine Atmosphäre, die Freude und Vertrauen schenkt.

Ich habe allerdings auch erlebt, und das darf man nicht übersehen, daß in einer Gruppe eine Art „Hysterie der Offenheit“ sich einstellte. Es wurde sozusagen öffentlich gebeichtet. Das wurde peinlich. Es gibt, so scheint mir, auch Bereiche, über die man nicht so ohne weiteres in einem größeren Kreis sprechen kann. Da setzt das Taktgefühl bestimmte Grenzen.

26. Kunst oder Geschenk

Gebet ist Gnade

Das Gebet ist keine „Kunst", die nur von Artisten beherrscht wird. Es ist auch kein Leistungssport, zu dem nur Talente zugelassen werden.

Ich denke da immer gerne an Oma G., der ich drei Jahre hindurch am ersten Freitag im Monat die hl. Kommunion gebracht habe. Sie war über 80 Jahre alt, lebte ganz allein im dritten Stock. Sie konnte kaum noch gehen. Sie ließ im Treppenhaus an einem Bindfaden einen Korb herunter mit einem Zettel darin, was sie brauchte. Und die Kinder der Familie, die ganz unten wohnte, kauften für Oma G. ein. Ich habe in den drei Jahren kein einziges Mal erlebt, daß sie klagte oder stöhnte, obwohl sie viele Schmerzen hatte. Oma G. betete. Sie lebte einfach mit dem leidenden Jesus. Man kann das so mit trockenen Buchstaben gar nicht beschreiben. Oma G. war einfach großartig. Ich habe mich mit all meiner Theologie und all den vielen Büchern über das Gebet, die ich gelesen hatte, oft vor ihr geschämt,

Oder Heinz, 23 Jahre, kaufmännischer Angestellter. Mit 18 Jahren hatte er gehört, irgendwo, er wußte es selbst nicht mehr genau, daß es gut sei, jeden Tag im NT zu lesen und darüber nachzudenken. Und das hat er dann eben getan. Fünf Jahre lang. Die Bibel war sein selbstverständlicher täglicher Umgang. Ich wurde blaß vor Neid, als ich ihn so kennenlernte. Jahrelang hatten sich in unserer Ausbildungszeit der Universität und im Priesterseminar eine ganze Schar von Experten und Seelentrainern an uns zukünftigen Priestern ausgelassen. Und das Ergebnis? – Dieser Angestellte hatte mit einer verblüffenden einfachen Selbstverständlichkeit fünf Jahre lang täglich die Bi-

bel gelesen. Und er hatte sie kapiert! Ohne Theologiestudium, ohne Professor, ohne Diskussion – einfach nur durch das Gebet. Hier sah ich wieder einmal, was das Evangelium meint mit dem Satz: „Der Geist weht, wo er will!"
Das Gebet, das Leben mit Jesus ist ein Geschenk. Man kann es sich nicht mit Tricks und Trainingsmethoden anknobeln. Man kann es nicht „kaufen". Man kann es nicht zwingen. Der Hl. Geist weht, wo er will und wie er will.
Neben all den wohlgemeinten Ratschlägen dieses Buches darf man darum eines nicht vergessen:

20. These:

Wir müssen darum beten, beten zu lernen. Wir müssen darum bitten, daß Gott uns seine Nähe erfahren läßt, daß wir mit ihm und in ihm leben können. Gebet ist Geschenk.

27. Der Trainer

Wer hilft mir, beten zu lernen?

Die Bedeutung des Trainers ist im Sport unbestritten, ob es sich um Ruderer, Fußballer oder Leichtathleten handelt. Natürlich müssen die Fußballer selbst spielen. Das kann der Trainer nicht für sie tun. Aber er kann ihnen Trainingsanweisungen geben. Das kann er deshalb besser als der einzelne Spieler selbst, weil der Trainer mehr Erfahrung und größere Übersicht hat. Er hat schon viele Spieler erlebt. Er kennt die Wirkung verschiedener Trainingsmethoden,

die der Spieler nicht überschauen kann. Er beobachtet den Spieler auf dem Spielfeld, und auch das kann er von außen in mancher Hinsicht besser als der Spieler selbst. Wenn der Spieler nun seine eigenen Eindrücke mit den Erfahrungen des Trainers austauscht, dann kann dadurch eine optimale Leistung erzielt werden.
Der gute Trainer wird sich weiterhin bemühen, immer auf dem neuesten Stand zu bleiben. Er versucht, sich die Erfahrungen anderer Länder und anderer Mannschaften zu eigen zu machen und für seine Spieler auszuwerten.

21. These:

Auch der Christ, der sich um das Beten müht, braucht einen Trainer.

Klar, der eigentliche Trainer ist der Hl. Geist. Aber normalerweise gilt: Gott kommt nur durch Menschen zu Menschen. Du brauchst also Menschen, die dir den Weg zu Gott zeigen. Das waren zuerst deine Eltern. Das können jetzt deine Freunde und Kollegen sein, die „Mitspieler" – wenn man das Beispiel vom Sport aufgreift. Und dann natürlich der Trainer. Ich meine, daß dies eine der wichtigsten Aufgaben des Priesters ist.
Er hat die Möglichkeit, jedenfalls leichter als die meisten anderen Menschen, selbst zu beten, die Nähe Gottes immer neu zu erfahren. Aber hier besteht auch eine große Schwierigkeit: Der gesund empfindende Mensch hat Sorge, mit solchen persönlichen Dingen, wie das Gebet eines ist, sich aufzudrängen.
Es wird heute oft über die Priester geschimpft: Sie bauen nur und denken nur an Geld, machen nur in Verwaltung. Sie kennen sich besser in den Rechnun-

gen des Krankenhauses aus als in der seelischen Situation der Patienten. Sie wissen besser, wie man Zuschüsse für das Jugendheim bekommt, als wie man den Besuchern des Jugendheimes das Beten interessant oder erstrebenswert machen kann.
An der Kritik ist sicher manches berechtigt. Aber wie kann man das ändern?
Ist es nicht im Grunde so: Ein Priester wird das tun, was die Gemeinde von ihm erwartet. Man müßte einmal untersuchen, was bei Priesterjubiläen, Pfarreinführungen und ähnlichen Gelegenheiten an der Tätigkeit der Priester hervorgehoben wird. Ich habe bei solchen Gelegenheiten noch nie gehört, daß etwa gesagt worden wäre: „Wir danken unserm Pfarrer für seine lebensnahen Predigten ..." Oder: „Wir danken unserem Kaplan, daß er jeden Tag für uns und mit uns die hl. Messe gefeiert hat, daß er mit solcher Treue sein Brevier für uns gebetet hat, daß wir ihn so oft in stillem Gebet in der Kirche antreffen konnten."
Was wird bei solchen Anlässen gelobt und anerkannt: Daß der Priester gebaut und renoviert hat! Aber nicht die Renovierung von Menschen ist gemeint, sondern von Häusern und Heimen.
Und wie sieht es bei dir persönlich aus? Aus welchem Grund hast du Kontakt mit einem Priester aufgenommen? Wenn du antworten müßtest: „Bis jetzt überhaupt noch nie!", dann ist das sicher genau so falsch, als wenn du sagen müßtest: „Weil ich Zuschuß für unsere Gruppenfahrt haben wollte." Wir müssen die Priester herausfordern, Priester zu sein, „Geistliche" zu sein, die uns helfen, zum „geistlichen Leben" Zugang zu finden.
„Aber zu unserem Pastor kann man mit solchen Fragen unmöglich hingehen!" Diese Klage mag leider oft berechtigt sein. Und sicher ist das auch die Schuld von uns Priestern. Aber liegt es nicht auch genauso-

sehr an der Gemeinde, die den Priester, wenn man das einmal so sagen darf, verdorben hat?
Und noch eine zweite große Gruppe von „Trainern" könnte ich mir denken: die Ordensschwestern. Hast du schon einmal eine Ordensfrau gefragt, wie sie es mit dem Beten macht? Sie hat sich doch Jesus zum Bräutigam ausgesucht – nicht, weil sie keinen irdischen mehr mitbekommen hätte (in den allermeisten Fällen jedenfalls nicht!). Sie hat in der Gemeinschaft ihres Ordens Halt und Hilfe. Sie hat die Stütze ihrer Ordensregel, die ihr hilft, sich Zeit zum Beten zu nehmen.
Sicherlich müßten wir auch die Ordensschwestern mehr zu dieser Aufgabe herausfordern.
Aus der Tatsache, daß du dieses Buch hier bis zum Schluß gelesen hast, möchte ich schließen, daß dir das Gebet ein Anliegen ist, daß du wirklich fragst und suchst. Ich hoffe, daß diese Kapitel dir die eine oder andere Anregung geben konnten, vielleicht auch Hinweis oder Antwort auf manche Fragen.
Es gibt Tausende moderner junger Leute, die Jesus gefunden haben und versuchen, mit ihm zu leben. Aber es gibt Hunderttausende, die daherleben und nicht wissen, welchen Reichtum sie verpassen. Wie sollen sie Jesus finden?
Es gibt nur einen Weg: über die „Mitspieler". Priester und Ordensleute haben ja viel zuwenig Kontakt zu den Menschen. Du bist täglich mit deinen Arbeitskollegen, Bekannten und Freunden zusammen. Du müßtest den Mut haben, über solche Fragen mit ihnen zu sprechen.

28. Das Wort zum Mittwoch

Gebet und Leben bilden eine Einheit

Wir Christen, oder besser: wir, die wir versuchen, Christen zu sein, leben mitten in der Welt. Wir sehen die brennenden Fragen der Welt.
Was wird aus den Entwicklungsländern? Werden sie weiterhin von den reichen Ländern ausgenützt?
Was wird mit dem Hunger? Müssen weiterhin Tausende verhungern, während anderswo die Mülleimer überlaufen?
Was wird mit dem Krieg? Werden weiter Unschuldige sterben, weil Mächtige sich durchsetzen wollen?
Was wird mit der Politik? Wird sie weiterhin von Interessen kleiner Gruppen in Ost und West bestimmt?
Was wird mit der Arbeit? Wird sie weiterhin so entfremdend und unmenschlich bleiben, wie sie es jetzt so oft ist?
Ich erinnere mich an einen Diskussionsabend über solche Fragen. Als ich in diesem Zusammenhang von Gott sprach, lächelten zwei Pennäler mitleidig, herablassend: „Als ob ein Gott uns helfen könnte!"
Aber können die Menschen helfen? Was haben die Menschen nicht alles versucht, die alten Ägypter und Perser, Griechen und Römer, die Inkas und die chinesischen Dynastien! Wie haben die Germanen und die mittelalterlichen Völker gelebt, wie die Kolonialherren und die europäischen Nachbarn?
Die ganze Geschichte der Menschheit ist eine Geschichte der Ungerechtigkeit, der Unterdrückung, des Krieges.
Immer wieder gab es großartige Menschen, die den Frieden und die Freiheit wollten. Aber wieder scheint die Macht des Hasses und des Egoismus größer gewesen zu sein.
Viele Erfindungen der Neuzeit könnten uns Mut ma-

chen. Aber die gleichen Raketen, mit denen die Astronauten zum Mond geschossen werden, können auch sicher und präzise Atomsprengköpfe an ein vorausberechnetes Ziel bringen. Und das Auto, das so viel Beweglichkeit und Hilfe bringen kann, wird zum Instrument des Massenmordes.

Mit jeder Erfindung, die die Menschen machen, schaffen sie neue Probleme. Die ungelösten Fragen des Umweltschutzes machen das brennend deutlich.

Oder diese schreckliche Tatsache, daß die Machthaber in Washington, Moskau und Peking so viele Atom- und Wasserstoffbomben gelagert haben, daß sie alles Leben auf der Erde auslöschen können . . .

Kann man von dieser Menschheit das Heil erwarten?

Wir Christen kennen einen Menschen, der der Welt das Heil gebracht hat und der dabei draufgegangen ist, erbärmlich am Kreuz verblutet. Aber: Er hat den Tod überwunden und ist zu neuem, ewigem Leben auferstanden. Und: Er wird am Ende dieser Weltzeit sichtbar kommen und allen Menschen guten Willens das Heil bringen: Frieden, Freiheit, Freude.

Angenommen, die Sache mit diesem Jesus stimmt . . .

Das würde doch bedeuten: Wir Christen wissen, daß einmal wirklich alles gut wird, für jeden einzelnen und für die ganze Welt. Was gibt es dann Wichtigeres, als zusammen mit diesem Jesus zu leben, zusammen mit ihm zu arbeiten an Friede, Freiheit und Freude?

Und das ist doch die große Chance des Gebetes, daß wir Jesus erleben und mit ihm leben. Wir können seine Anliegen besser und tiefer verstehen, in ihm Vertrauen und Freude finden, bei ihm erfahren, was Frieden und Freiheit wirklich ist.

Dann werden wir Christen mithelfen an der Erneuerung der Welt, nicht wie halb verzweifelte Fanatiker, die zum letztenmal alles auf eine Karte setzen. Sondern eben wie Christen, wie Menschen, die Hoffnung haben.